Anke von Platen

Kino. Kiffen.
Und die neue Zügellosigkeit.

Anstößiges für ein selbstbestimmtes,
zufriedenes und erfolgreiches Berufsleben.

**Bibliografische Information der Deutschen National-
bibliothek**

Die Deutsche Nationalbibliothek verzeichnet diese Publikation in
der Deutschen Nationalbibliografie; detaillierte bibliografische
Daten sind im Internet über
http://dnb.d-nb.de abrufbar.

Impressum

© 2015 Anke von Platen. 1. Auflage.

Layout Buchumschlag: Andrea Lüpke
Konzeption, Text und Zeichnungen: Anke von Platen
Portrait-Fotos: Michael Siebert

Herstellung und Verlag: Books on Demand, Norderstedt

ISBN:978-3-734792519

»Egal was passiert:
Wir können die Zügel unseres Lebens
in die Hand nehmen!«

Anke von Platen

Einleitung

Dieses Buch handelt von dem wichtigsten Menschen in unserem Leben:

Von uns selbst.

Wie wir mehr unser Leben leben, anstatt gelebt zu werden. Wie wir mehr von den Dingen machen, die uns wichtig sind. Das Buch gibt Impulse und Anstöße für mehr Selbstbestimmung in unserem Leben.

Wie können wir uns im Berufsalltag selbst führen, damit wir effektiver, zufriedener und erfolgreicher sind? Wie können wir aus dem Autopiloten-Modus und Hamsterrad aussteigen? Antworten erhalten Sie mit dem einzigartigen Kutschensystem:

Wir funktionieren wie eine Kutsche mit einem Pferdegespann auf dem Weg:

Die Kutsche symbolisiert unseren Körper, die Pferde stehen für unsere Gedanken und Emotionen. Der Kutscher steht für unsere Selbstführungsinstanz. Er hat die Zügel in der Hand und das Ziel im Blick, wenn er nicht gerade zügellos ist.

Den Kutscher in uns stärken und die Zügel mehr in die Hand nehmen – darum geht es in diesem Buch. Nach einem Kapitel über die Formen der neuen Zügellosigkeit lernen Sie die einzelnen Elemente des Kutschensystems im Detail kennen. Sie reflektieren Ihr persönliches Kutschensystem und wie Sie zur Zeit aufgestellt sind. Sie erhalten Impulse wie Sie Ihr Kopfkino steuern und erfahren, was die heutige Arbeitswelt mit Kiffen zu tun hat. Sie erhalten einfache Mittel, wie Sie Ihr Leben selbst in die Hand nehmen können.

Am Ende der Kapitel finden Sie jeweils Raum für Ihre Notizen. Und ganz am Ende des Buches finden Sie die Zugangsdaten für die ergänzenden Online-Arbeitsmaterialien.

Viel Spaß bei Ihrer persönlichen Kutschfahrt,

Ihre Anke von Platen

Inhaltsverzeichnis

Einleitung... 1

Auf geht's! 6

Die neue Zügellosigkeit.. 12
Zügellos durch den Tag 13
Auf in das Land der Selbstausbeutung 14
Im Opfer- und Jammertal....................................15
Wer ist hier eigentlich für was verantwortlich?....... 16
Zwischen Selbstakzeptanz und -Optimierung.........20

Selbstführung an einer Hand abzählen.....................23

Faktor Selbstreflexion.. 25
Innerer Strandkorb 26
Wetter- und Wegeslage – persönlicher Jour-Fixe...28
Kreuzungen und Entscheidungen........................ 33
Achtsamkeit und Autopilot 36
»To Be« anstatt »To Do« 41
Müllerchen, was regst Du Dich eigentlich auf? 44
Die 3. Person..45

Faktor Ziele 47
Über Erfolg neu denken 48
Mindestziele sind eiserne Ziele 53
Räumt die Ziele dankend aus dem Weg! 55
Ziel zu verkaufen! 59
Zielkino 63
Dranbleiben 64
Erst die Stabilität dann die Freiheit....................... 66

Faktor Fokus: Keine Scheu vor Klappen 69

Klappe 1: Kiffen ist auch keine Lösung 72

Klappe 2: Freie Fahrt statt »Stop and Go« 75

Klappe 3: Ablenkungs-Parkplatz »Daddelliste« 77

Klappe 4: Intervall-Training 79

Klappe 5: Was ist Jetzt? 80

Klappe 6: Fokussierung auf sich selbst 81

Faktor Psyche: Unsere Pferde stärken 84

Keine Macht den Entführern am Wegesrand 86

Pferde-Frühstücks-Fernsehen 89

Kröte zum Frühstück 92

Kino oder real? 93

Ruhig Brauner oder »mind the gap« 95

Abschalten lernen fängt schon morgens an 100

Persönliche Tagesschau 103

Fell über die Ohren ziehen 106

Wie war Dein Tag Schatz? 107

Perspektive mit dem Fernrohr 108

Abschalten. Nicht stand-by. 108

Pferde füttern 110

Unsere Zugpferde 113

Zuckerbrot und Peitsche 118

Faktor Körper: Unsere Kutsche 124

Kutschentypen: Von Diesel- bis Hybridantrieb 130

Kutschentyp Dieselmotor oder Kaltblüter 132

Kutschentyp Porsche oder Turnierpferd 134

Kutschentyp smart oder Rennpferd 137

Kreuzungen: Rechts vor links 140

Faktor Haltung: Kutschertypen.................................... 142
  Wer bin ich jetzt?.. 143
  Reise nach Jerusalem – nur anders........................151
  Energie steuern – den Kutscher stärken 153
  Auf die eigene Haltung und Sichtweise achten...... 158
  In Bewegung kommen – Ziele erreichen 160

Abspann 165
  Werdet erwachsen!...................................... 165
  Lebe Dein Leben – anstatt einen Fake zu leben! ... 169
  Lass die Zweifel los!.................................. 170

Und jetzt? 172

Auslaufen 177
  Danke sehr..177
  Quellen...179
  Literatur- und DVD-Empfehlungen 180
  Arbeitsblätter und Zugangsdaten 182
  Über die Autorin....................................... 183

Auf geht's!

Das Buch möchte Sie durch viele Impulsen mit auf eine Reise nehmen. Eine Reise zu mehr Selbstbestimmung, Effektivität, Zufriedenheit und letztlich zu persönlichem Erfolg in Ihrem Leben. »Die Zügel des Lebens wieder mehr in die Hand nehmen.« ist das Motto.

Am Beispiel des Herrn Meister werden wir uns auf eine kleine Reise begeben:

Herr Meister ist Anfang 40, verheiratet, hat zwei Kinder und ist Projekt Manager in einem internationalen mittelständischen Unternehmen.

Er hat viel um die Ohren, parallele Projekte, fühlt sich im Dauermeeting-Stress und ziemlich unter Druck.

Er fühlt sich fremdbestimmt und steht des Öfteren neben sich. Die Wochentage fliegen nur so vorbei. Er wird unkonzentrierter, zum Teil gereizt. Er merkt, dass er nicht mehr so weitermachen kann. Sowohl sein

Chef als auch seine Frau machen schon Bemerkungen, ob denn alles okay mit ihm ist.

Noch geht das gut – aber wie lange noch?

Seine Projekte laufen. Und er selbst? Er läuft schon lange nicht mehr in seinem Lauftreff. Keine Zeit. Und so langsam hat er das Gefühl, dass er etwas ändern muss.

So entschließt sich Herr Meister eine persönliche Auszeit zu nehmen. Ein paar Tage raus. An die Nordsee. Er fährt nach Juist. Ab in den Strandkorb. Den ersten Tag verschläft und verdöst er. Schaut nur den Wellen und den Wolken zu. Kommt langsam runter, bekommt Abstand zum Alltag.

Und als Herr Meister den nächsten Tag in seinem Strandkorb sitzt, wird ihm klar: Ich möchte etwas ändern. Ich möchte nicht weiter so fremdbestimmt durch mein Leben jagen. Und er denkt sich: Ich kann prima meine Projekte führen – aber wie führe ich mich selbst?

Ihm fällt auf: »Mensch, so richtig im Griff habe ich mich nicht. Eigentlich will ich mein Leben genießen, laufen gehen, fit sein, für meine Familie und mich gut sorgen, weniger Alkohol trinken – doch was mache ich? Genau das Gegenteil.«

Er steht auf, macht einen Strandspaziergang, kommt in Bewegung. Als er es sich wieder mit einem Stück Kuchen und Tee gemütlich macht, erinnert er sich an die Kutsche, die ihn vom Hafen zum Hotel gebracht hat. Diese Kutschen auf Juist haben etwas Beruhigendes, Nostalgisches. Und auf einmal macht es klick. Er überlegt:

»Funktioniere ich nicht genauso wie eine Kutsche?«

Ja! Wir funktionieren wie ein Kutschensystem, wie eine Kutsche mit Pferdegespann:

Hardware/ Körper   Software/ Psyche

Die Kutsche steht für unseren Körper, unsere »Hardware«. Sie ist am Anfang perfekt für uns ausgestattet und läuft wie geschmiert.

Die Kutsche alleine kann sich nicht bewegen. Sie benötigt Pferde. Die Pferde symbolisieren unser innerpsychisches System: Unsere Gedanken, unsere Emotionen, unsere Bedürfnisse, unsere Werte. Die Pferde sind das, was unseren Körper steuert. Die Pferde – unsere Psyche – bringen uns in Bewegung.

Die Pferde sind über eine Deichsel mit unserer Kutsche verbunden. Zwischen Körper und Psyche gibt es eine Verbindung und sie beeinflussen sich. Sind die Pferde schwach oder schwermütig wirkt dies auf unser körperliches Wohlbefinden und umgekehrt.

Durch die Pferde kann die Kutsche gezogen werden. Doch sie ist noch orientierungslos. Wer steuert die Pferde, so dass sie nicht immer im Kreis laufen oder planlos sind?

Die Kutsche benötigt einen Kutscher, der die Kutsche und die Pferde lenkt. Der Kutscher steht symbolisch für unsere innere Führungskompetenz.

Der Kutscher hat die Zügel in der Hand und weiß, wo die Reise hingehen soll – er hat ein Ziel. Der Kutscher ist der innere Dirigent, der alle Beteiligten aufeinander abstimmt. Er hat alles im Blick: Umfeld, Weg, Ziel, Pferde, Geschirr, Kutsche. Er hat die Zügel in der Hand. Er bedient das Gas- und Bremspedal und steuert die Geschwindigkeit.

Die Zügel symbolisieren unsere Willenskraft, mentale Stärke, unseren Fokus. Wie wir unsere Zügel in der Hand haben, bestimmt, wie wir uns durch unser Leben lenken.

Zur Abrundung des Kutschensystems benötigen wir noch ein Ziel: »Wo soll unsere Reise hingehen?« Diese Frage ist nicht nur für die Urlaubsplanung wichtig. Vielmehr sollten wir diese Frage für unser Leben reflektieren. Wenn wir ein Ziel vor Augen haben, können wir unser Kutschensystem besser steuern. Und mit einem Ziel vor Augen können wir uns bei Kreuzungen leichter entscheiden, in welche Richtung wir abbiegen.

Unser symbolischer Reiseweg animiert uns zu reflektieren: Auf welcher Wegstrecke befinde ich mich gerade? In welchem Gelände bin ich unterwegs, benötige ich eine spezielle Bereifung und Ausrüstung oder kann mich jemand unterstützen?

Die verschiedenen Faktoren im Kutschensystem können wir für unsere Selbstführung nutzen. Das Ziel: Die Steigerung der Effektivität und des eigenen Erfolges. Es geht darum mehr von den Dingen zu tun, die für uns wichtig sind.

Herrn Meister fasziniert das Kutschenbild. Auf einmal wird ihm vieles klar. Vor allen Dingen fällt ihm auf, wie zügellos er in den letzten Monaten durch sein Leben ging. Er hatte sich auf die Projektführung konzentriert und sich selbst aus den Augen verloren. Sein innerer Kutscher hatte die Zügel nicht mehr im Griff.

Die neue Zügellosigkeit

Der Chef der Selbstführung ist der Kutscher in uns. Er ist der Dirigent unseres Kutschensystems.

Geht es uns gut und leben wir unser Leben, ist der Kutscher gefestigt auf dem Kutschbock: Er hat die Ziele fest im Blick, die Zügel variabel und doch bestimmt in der Hand. Er hat ein Auge, ob es den Pferden gut geht und die Kutsche noch fahrtüchtig ist oder ob sie repariert werden muss. Wir haben das Gefühl, dass unser Kutschensystem mit unserem Weg, unserem Umfeld gut zusammen passt.

Die Einflussfaktoren der heutigen Zeit machen es uns schwerer, fest auf dem Kutschbock zu sitzen. Wir werden zur Zügellosigkeit und Unproduktivität verleitet.

Meines Erachtens gibt es drei Hauptarten der heutigen und neuen Zügellosigkeit:

1. Zügellos durch Ablenkungen
2. Zügellos ins Land der Selbstausbeutung
3. Zügellos im Opfer- und Jammertal

Zügellos durch den Tag

Eine der größten Herausforderungen unserer Zeit ist der tägliche, fast dauernde Einfluss von Medien und Ablenkungen sowie die eigenen, inneren Ablenkungen (»ich muss schnell was im Internet nachschauen« oder »mit dem Kollegen muss ich mich mal abstimmen«). Diese Gedanken abzuschalten ist schwierig. Und so kann es sein, dass Sie uns nicht nur am Arbeitsplatz dazwischen funken, sondern sich diese Gedankenstörungen den gesamten Tag durchziehen, auch weit nach Feierabend.

So kennen wir unsere Ziele, uns fällt es jedoch schwer auf unserem Weg zu bleiben. Wir haben das Gefühl nicht wirklich etwas zu schaffen. Die wirklich wichtigen Aufgaben bleiben vor lauter Meetings, E-Mails und Telefonaten liegen.

Auf in das Land der Selbstausbeutung

Oder wir haben nicht die Zügel, sondern eine innere Peitsche in der Hand: »Höher, schneller, weiter, perfekter!« ist das Motto des Kutschers. Er treibt sich innerlich an, seine Pferde laufen schnell und stark – doch seine Kutsche hat er nicht im Blick, sie läuft unrund hinterher.

Falls die Kutsche Blessuren bekommt, gehen wir in die Apotheke, holen uns ein Medikament – anstatt anzuhalten und eine Pause zu machen. Denn die Projekte müssen weiterlaufen. Wir müssen weiterlaufen. Meinen wir.

Diese Zügellosigkeit ist nicht effektiv. Wir meinen zwar, dass wir Zeit sparen und produktiv sind, doch langfristig benötigen wir mehr Zeit, um uns wieder zu erholen.

Im Opfer- und Jammertal

Es kann auch sein, dass der Kutscher nicht auf seiner Kutsche sitzt. Er hat die Steuerung abgegeben und liegt passiv im Opfer- und Jammertal. Und meint, er kann sowieso nichts ändern. Fühlt sich machtlos. »Das Unternehmen wird sich nicht ändern.«, »alle anderen sind besser« und »es ist alles so unklar gerade, schon wieder so eine Umstrukturierung«.

Keine Frage, die Welt dreht sich nicht langsamer, Unternehmen verändern sich regelmäßig und Projekte sind gefühlt nie zu Ende. Doch wer sich im Opfer- und Jammertal befindet, der macht sich abhängig und zum Spielball von seinem Umfeld.

Das passiert schneller, wenn wir wenig Energie haben oder krank sind. Und es passiert, wenn wir für uns selbst keine Verantwortung übernehmen.

Egal wie der Weg und das Wetter gerade sind: Wir können die Zügel in die Hand nehmen und unsere Gedanken, Emotionen sowie unser Wohlbefinden steuern.

Herrn Meister wird so Einiges klar. Er ist erschrocken. Er erkennt sich wieder in allen drei Arten der Zügellosigkeit. Es ist so ein Wechselspiel! Fühlt er sich gut und fit, fällt es ihm leichter, die Zügel in der Hand zu halten. Doch in den letzten Monaten musste er sich innerlich anheizen und anpeitschen.

Schließlich möchte er befördert werden. Durch dieses Anpeitschen hat er an Kraft verloren, seine Kutsche nutzte sich an der einen oder anderen Stelle ab. Und so hatte er auch keine Kraft mehr, die Zügel in der Hand zu halten und sich zu fokussieren. Und nun schwindet seine Kraft. Er hat sich im Nachhinein des Öfteren im Opfer- und Jammertal ertappt.

Wer ist hier eigentlich für was verantwortlich?
Was tun? Mit dem Kutschenmodell wird Herrn Meister klar, dass nur er etwas ändern kann. Er möchte seine Zügel wieder in die Hand nehmen. Er möchte aktiv Grenzen setzen, aktiv kommunizieren, dass er zu viel auf dem Tisch hat und vor allen Dingen darüber nachdenken, wer oder was ihn innerlich so antreibt und ob seine Ziele noch die richtigen für ihn sind.

Es ist an der Zeit über Verantwortungen nachzudenken. Wer ist für unsere Kutsche verantwortlich? Wer ist verantwortlich, dass es uns gut geht?

Zuallererst ist jeder für sich selbst zuständig: Für seinen Körper, seine Stimmung, seine Gedanken, seine Gefühle und seine Gesundheit sowie für die eigenen Ziele und das Erreichen dieser. Jeder hat die Verantwortung, sich selbst durch sein Leben zu steuern und sich einen möglichst passenden Weg für die eigenen Ziele und das eigene Kutschensystem auszuwählen und zu gehen.

»Moment mal« denkt sich Herr Meister. Wenn nur ich für mich verantwortlich bin, warum mache ich mich abhängig in meiner Stimmung von anderen? Ich glaube, ich verlange zu viel von meinem Chef und von meinem Unternehmen. Mein Chef soll mich motivieren?! Erst einmal muss ich wissen, was mich motiviert. Ich möchte meine Pferde, meine Motive genau kennen lernen. Dann kann ich gezielter nach Pferdefutter suchen und dieses einfordern. Doch warum kümmern sich auf einmal Unternehmen um meine Kutsche und stellen Obstkörbe auf und bieten Rückenschule an? Ist das sinnvoll? Er macht sich eine Notiz, diese Frage nicht aus dem Auge zu verlieren.

Was ist die Verantwortung jedes Einzelnen? Und was ist in der heutigen Zeit die Verantwortung von Führungskräften und Organisationen?

Beide Seiten haben ihre Verantwortung. Der Einzelne wird für seine Leistungsfähigkeit bezahlt und dafür, dass sein Kutschensystem gut läuft.

Führungskräfte und Unternehmen haben meines Erachtens für einen möglichst hindernisfreien Weg für die Mitarbeiterkutschen zu sorgen. Führungskräfte und Organisationen können und sollten gute Arbeitsbedingungen schaffen und nicht Hindernisse in den Weg legen. Sie sollten dafür sorgen, dass Mitarbeiter ihren Job machen, sich entwickeln können und sie nicht ausbremsen. Doch was sind gute Arbeitsbedingungen?

Gute Arbeitsbedingungen unterstützen drei gute Gefühle[1]:

1. Das Gefühl der Klarheit:
   Mitarbeiter können sich erklären, was passiert und was auf sie zukommt.

2. Das Gefühl der Machbarkeit:
   Mitarbeiter haben Ressourcen, um ihre Anforderungen zu bewältigen und können selbst Einfluss nehmen.

---

[1] In Anlehnung an das Konzept der Salutogenese (Salutogenese meint »Entstehung von Gesundheit«) von Aaron Antonovsky. Er hat in den 1970er Jahren untersucht, unter welchen Bedingungen (sowohl persönliche Faktoren als auch Umweltbedingungen) Menschen gesund bleiben. Seine Hauptthese: Gesundheit ist vorrangig ein Gefühl, welches durch Klarheit, Machbarkeit und Sinnhaftigkeit entsteht. Und übergeordnet entsteht es durch die Übernahme von Verantwortung für das eigene Leben.

3. Das Gefühl der Bedeutsam- und Sinnhaftigkeit: Mitarbeiter haben das Gefühl, dass sich ihr Engagement lohnt.

Es geht um Gefühle und das Grundgefühl, ob es für das Individuum stimmig ist, ob es passt. Gefühle sind individuell und nicht objektiv. Was jeder einzelne an Klarheit, Einfluss und vor allen Dingen Sinn und Bedeutsamkeit benötigt, ist individuell.

Und: Unsere Bedürfnisse blinken nicht auf der Stirn! Keiner kann von Führungskräften erwarten, dass sie wissen, was ihre Mitarbeiter benötigen.

Daher: Jeder ist gefordert, seine Bedürfnisse zu kommunizieren. Und nicht nur einmal. Dranbleiben.

Menschen sind zufriedener und gesünder, wenn sie aus der Opferhaltung raus gehen, sich für ihr Leben verantwortlich fühlen und die Fähigkeiten und Ressourcen ihres Kutschensystems (weiter) entwickeln[2]. Laut dem Konzept der Salutogenese ist das Gefühl von Wohlbefinden abhängig von der Übernahme von Selbstverantwortung und dem Einfluss der Umgebungsbedingungen. Antonovsky fordert jeden Einzelnen auf, sich selbst seine Bedingungen förderlich zu gestalten und aktiv zu werden: Klarheit, Machbarkeit und Sinn einzufordern und nicht nur darauf zu warten.

---

[2] in Anlehnung an das Konzept der Salutogenese, siehe oben.

Wolf Lotter von brandeins bringt es in der Ausgabe »Schwerpunkt Arbeit 09/14« für mich auf den Punkt (S. 33):

> »Gute Arbeit (im Sinne von Arbeitsbedingungen, Anmerkung der Autorin), das ist für viele etwas, das vom Arbeitgeber geliefert werden muss. Sie fragen: »Was kann der Boss tun?« Nicht »Was können wir für unsere Arbeit tun?« und schon gar nicht: »Was wollen wir von Montag bis Freitag wirklich?««

Was kann ich für meine Arbeit tun? Was kann ich am Arbeitsplatz tun, damit ich mich besser entfalten und meinen Job besser machen kann? Darum geht's. Das ist die Verantwortung jedes Einzelnen.

Und: Eine Führungskraft braucht als Erstes Kraft zum Führen. Wenn Sie als Führungskraft dieses Buch lesen: Seien Sie egoistisch, denken Sie an sich und ihr Kutschensystem.

Wer im Arbeitsleben keine Mitarbeiter führt, ist dennoch eine Führungskraft. Denn wir alle führen uns selbst.

Zwischen Selbstakzeptanz und -Optimierung

Selbstführung bedeutet im ersten Schritt Selbstreflexion und eigene Klarheit. Es bedeutet, sich selbst als wichtigsten Menschen besser kennen zu lernen mit seinen Pferden, Zielen, Kutschertyp, seiner Kutsche und seinen Macken und Potentialen. Um sich dann in seiner eigenen Individualität wert zu schätzen. Und um die eigenen Potentiale gut auf seiner Reise zu nutzen.

Es ist eine Reise der Selbstentdeckung und auch Selbstfindung. Vielleicht erkennen wir auf der Reise, dass wir gerne anders wären. Kreativer oder konsequenter, dicker oder dünner. Selbstführung hat immer einen Anteil an Selbstakzeptanz und bedeutet nicht nur Selbstoptimierung. Selbstakzeptanz meint annehmen, nichts müssen. Selbstoptimierung meint besser machen.

Wir sind schnell im Optimierungswahn und fahren ins Land der Selbstausbeutung. Akzeptieren wir unsere Grenzen. Sowohl persönlich: Wir werden älter und irgendwann sterben wir, und wir können nicht unendlich Gas geben. Wir müssen lernen, dass nicht alles möglich ist – zumindest nicht auf einmal.

Als auch beruflich: Karriere und Kinder - geht das wirklich parallel? Oder doch nur nacheinander? Ist es realistisch und gut für unsere Kutsche eine 60 Stunden-Woche zu haben und gleichzeitig ein Marathontraining durchzuziehen? Ist es realistisch von einem dauerhaften Umsatz- und Rendite-Wachstum auszugehen oder es einzufordern?

Herr Meister nickt innerlich. Ja, er ist im Optimierungswahn und vergisst zu akzeptieren, dass er kein Berufseinsteiger mehr ist. Mit Anfang 40 ist sein Akku nicht mehr voll. Er erkennt, dass er in Gesprächen mit seinen Vorgesetzten davon ausgeht, dass seine Erwartungen und Bedürfnisse dem Chef klar sind. Da möchte er deutlicher werden. Und ja, er erkennt, dass nur er etwas ändern kann.

Er möchte weiter nachdenken und sich selbst cleverer führen. Er möchte sein Leben leben, seinen eigenen Weg gehen. Eine schöne Kutschfahrt haben und nicht in drei Jahren erschöpft sein oder einen Herzinfarkt bekommen.

Und er hat es satt, sich selbst zu bemitleiden.

Selbstführung an einer Hand abzählen

Wir möchten unseren inneren Kutscher stärken. Der Kutscher zählt sich eine gute Selbstführung an seiner Hand ab. Er hat mit jedem Finger eine Stellschraube an der Hand. Seine Handfläche symbolisiert die grundlegende Fähigkeit, die »Metakompetenz« der Selbstreflexion und Achtsamkeit:

1. Faktor: Selbstreflexion.
   Die Basis für alle anderen Faktoren. Die Selbstreflexion können wir auch mit allen anderen Faktoren verbinden. Selbstreflexion ist die Meta-Kompetenz – ohne sie geht gar nichts.

2. Faktor: Ziele.
   Ziele geben uns Orientierung: Wo wollen wir hin? Was ist in unserem inneren Navigationssystem eingegeben? Wenn wir unsere Ziele kennen, können wir uns effektiver durch unser Leben steuern.

3. Faktor: Fokus.
Inwieweit bleiben unsere Pferde ruhig? Wie stark können wir uns konzentrieren? Wie stark können wir die Zügel in der Hand behalten, uns disziplinieren wenn es darauf ankommt? Unser innerer Fokus ist wichtig, um bei den für uns wesentlichen Dingen zu bleiben.

4. Faktor: Psyche.
Unsere Pferde bringen uns in Bewegung. Die Pferde stehen symbolisch für alles, was zwischen unseren Ohren und in unserem Herzen passiert: Gedanken, Emotionen, Bedürfnisse und Werte. Wir können unsere Pferde steuern und dadurch leichter auf unserem Weg bleiben.

5. Faktor: Körper.
Symbolisch ist das unsere Kutsche, unsere Hardware. Nur wenn wir unseren Körper auch berücksichtigen, können wir weiter auf unserem Lebensweg gehen und unsere Ziele erreichen. Ein vitaler Körper wird uns im Alltag wirkungsvoll mit Energie unterstützen.

6. Faktor: Haltung.
Unsere innere Haltung mit der wir Situationen betrachten und durch unser Leben gehen. Die eigene Haltung ist tiefer als unsere Gedanken und Emotionen verankert. Im Kutschenmodell finden wir diesen Faktor in der Haltung des Kutschers auf seinem Kutschbock wieder.

Beginnen wir mit dem »Handrücken«, mit der Selbstreflexion. Danach zählen wir die Faktoren der Selbstführung an der Hand ab und verbinden sie mit dem
Kutschenmodell.

Faktor Selbstreflexion

Wenn wir uns besser steuern möchten, hilft es, den
dafür wichtigsten Menschen zu fragen wie wir funktionieren: uns selbst. Wir suchen oftmals die Antworten
bei anderen Menschen. Dies ist einfacher als selbst
nachzudenken. Doch kein Anderer kann uns Antworten
geben, weil kein Anderer uns so gut kennt wie wir uns
selbst.

In diesem Abschnitt gibt es Werkzeuge und Impulse
zum Nachdenken über sich selbst und den eigenen
Lebensweg. Denn wenn wir wissen, wo wir sind, wie
wir aufgestellt sind, können wir etwas ändern.

Innerer Strandkorb

Für eine gute, selbst gesteuerte Kutschfahrt ist das Innehalten wichtig. Der Kutscher benötigt ab und zu eine Auszeit, um sich klarer zu werden, wo er gerade steht und wie seine Kutsche aufgestellt ist.

Für diese Auszeiten, diese Reflexionsmomente, steht symbolisch der Strandkorb. Der Strandkorb ist Kernelement meines ersten Buches[3]. Der Strandkorb ermöglicht uns, Abstand zu unserem Alltag zu bekommen. Viele Menschen verbinden mit einem Strandkorb ein gutes Gefühl, zum Beispiel »Im Strandkorb kann ich den ganzen Stress vergessen und kann auch nicht nachvollziehen, warum ich mich so gestresst gefühlt habe.«

Zeit zum Reflektieren müssen wir uns heutzutage bewusst nehmen. Oder wir werden dazu gezwungen, wenn wir krank sind. Doch soweit soll es nicht kommen! Der Strandkorb symbolisiert eine bewusste Zeit des Nachdenkens über sich selbst. Ein Anhalten, um Klarheit zu bekommen. Der Strandkorb, der Faktor Selbstreflexion, ist eine Art Fitness-Studio zum Kräftigen Ihres inneren Kutschers.

Der Strandkorb als Bild der Reflexion, des Abstand Nehmens ist aus meiner Erfahrung elementar, um sich selbst gut zu führen und ein selbstbestimmtes Leben zu führen. Nur wenn wir wissen, wie wir funktionieren, was uns antreibt, was unsere Ressourcen sind, wohin

---

3 Anke von Platen (2010): »STRANDKORB-PRINZIP: Einfach. Erfolgreich. Leben.«

wir wollen und auch wo unsere Schwachstellen sind, können wir unsere Zügel in der Hand halten und uns weiterentwickeln.

Die Bedeutung von Zeit nur für sich selbst hat eine Studie in 2012 bewiesen: Für eine hohe Lebenszufriedenheit kommt es weniger auf die Balance zwischen Arbeit und Freizeit an, als vielmehr auf ein persönlich stimmiges Verhältnis zwischen den drei Faktoren »me-time«, Zeit für sich selbst, Arbeitszeit und Soziales. Gerade diese »me-time« sorgt für den extra Schuss Zufriedenheit im Leben – wieviel jeder davon braucht, ist individuell. In unserer »me-time« schaffen wir Abstand zu uns, reflektieren über unsere Ziele und ob wir überhaupt auf dcm richtigen Weg sind.[4]

Falls das noch nicht zur Selbstmotivation reicht: Professor Burisch, ein Burnout-Forscher, benennt in einem Interview die zwei wichtigsten Faktoren zur Burnout-Prävention[5]:

1. Nachdenken
2. Nicht alleine bleiben.

Also dann: los geht es mit dem strukturierten Nachdenken und Reflektieren.

Das Strandkorb-Symbol nutze ich in diesem Buch als Kontrapunkt zum Kutschensystem. Am Ende der meisten Kapitel finden Sie Fragen zur Reflexion gekenn-

---

[4] Griesslich/Proske/Körndle 2012
[5] Burisch 2010, S. 264

zeichnet als »Strandkorb-Impulse«. Beantworten Sie diese Fragen schriftlich, dann erzielen Sie eine höhere Nachhaltigkeit. Direkt im Anschluss an die Impulse ist Platz für Ihre Notizen.

Wetter- und Wegeslage
– persönlicher Jour-Fixe

Im Beruf sind wir an Meetings und Gespräche zur Standortbestimmung gewöhnt. Vielleicht haben Sie regelmäßig Strategiemeetings, Klausurtagungen oder sonstige Jour-Fixe, um zu schauen, ob die Projekte im Plan sind. Doch wann machen wir eine persönliche Standortbestimmung? Und wie oft machen wir dies schriftlich? Die Erfahrung zeigt: Viel zu wenig. Daher legen wir direkt damit los.

Beantworten Sie sich folgende drei Fragen schriftlich:

1. Was erlebe ich zur Zeit in meinem Alltag als Belastung, was kostet mich Energie, stresst mich, nervt mich? Wo sind Wolken am Himmel oder regnet es? – schreiben Sie alles auf. Danach markieren Sie Ihre drei größten Belastungen.

2. Warum gehe ich gerne zur Arbeit?
   Was macht mir Spaß, was gibt mir Energie, worauf freue ich mich? – schreiben Sie alle Faktoren auf, auch die kleinsten, selbstverständlichsten Faktoren (zum Beispiel Kleidung, in der Sie sich wohlfühlen, Kaffeepausen, Lieblingskollegen, Lieblingsprojekte) – es sind die Sonnenstrahlen am Himmel.

3. Hätten Sie gerne mehr Energie? Dann fragen Sie sich: Ich hätte mehr Energie, wenn ich ... – schreiben Sie alle Faktoren auf, achten Sie darauf, dass Sie Faktoren / Eigenschaften benennen, die Sie selbst beeinflussen können.

Diese Fragen verwende ich oft als Einstieg in meinen Workshops. Die Teilnehmer erhalten Klarheit über ihre jetzige Situation und sie werden gezwungen, von einem allgemeinen »Ich bin genervt« oder »ich fühle mich gerade so fremdbestimmt« konkrete Beispielen zu formulieren.

Achten auch Sie darauf, möglichst genau zu sein. Wenn zum Beispiel »Zeitdruck« ein Belastungsfaktor ist: Fragen Sie sich weiter: Was löst den Zeitdruck aus, was steckt dahinter? Sind die Meetings zu eng getaktet? Ist die Ablage schlecht, so dass nach Dokumenten sehr lange gesucht wird?

Diese erste Übung schärft Ihre Wahrnehmung. Wir tendieren im Alltag zum Wahrnehmen der Wolken und schlechten Dingen. Und das, was gut ist, nehmen wir allzuoft höchstens als neutral wahr, jedoch selten als gut. Wir können uns mit einem persönlichen Jour Fix trainieren, auch die Gänseblümchen am Wegesrand wahrzunehmen – und nicht nur die Löcher im Weg.

Sie möchten diese Standortbestimmung öfter machen? Dann laden Sie sich das Arbeitsblatt 01 im Downloadbereich herunter.

Kreuzungen und Entscheidungen

Haben wir die Belastungsfaktoren entlarvt, sind wir klarer. Das tatsächliche Benennen hilft. Was machen wir nun damit? Wie können wir damit effektiv umgehen? Weitermachen wie bisher? Nein. Wir denken nach und entscheiden uns bewusst, was wir tun oder nicht tun. Wir nehmen die Zügel in die Hand.

Angenommen, Sie haben den Belastungsfaktor »Meeting-Wahnsinn« oder »Unsicherheit, was mit mir passiert im Job«. Egal was es ist. Wir haben immer drei Wahlmöglichkeiten:

1. **Love it** – uns bewusst entscheiden, die Situation so anzunehmen und zu lieben.

2. **Change it** – uns deutlich machen, was wir verändern können und es auch tun. Was kann ich z. B. an meiner Arbeitsweise oder Kommunikation ändern?

3. **Leave it** – wenn wir zu der Entscheidung kommen, dass wir weder etwas ändern oder akzeptieren können, bleibt uns nur das Verlassen der Situation.

Wir können nachdenken, was wir an der Situation verändern können. Wir können uns zum Beispiel entscheiden, Meetingeinladungen nicht einfach anzunehmen, sondern den Organisator zu fragen: Was ist das Ziel? Was soll mein Beitrag sein? (falls es nicht bekannt ist).

Für das zweite Beispiel können wir uns fragen: Was kann ich jetzt tun, um mehr Sicherheit zu erlangen?

Wenn wir beschließen, die Situation zu lieben und anzunehmen, entscheiden wir uns in dem Moment gegen das Jammern.

Oder wir wählen: Ich verlasse die Situation oder ich verlasse einen inneren Standpunkt, wie zum Beispiel einen eigenen hohen Anspruch.

Wichtig ist, dass wir den Autopiloten ausschalten und überlegen, was wir tun können und wofür wir uns bewusst entscheiden. Dann haben wir die Zügel in der Hand.

Schreiben Sie hier nochmals Ihre drei stärksten Belastungsfaktoren aus dem vorherigen Strandkorb-Impuls auf. Machen Sie sich zu jedem Belastungsfaktor Notizen, ob und was Sie verändern können und welche der drei Optionen »Love it – Change it – Leave it« Sie wählen.

Achtsamkeit und Autopilot

Herr Meister ist in einem Café ins Gespräch gekommen: »Wissen Sie, was mich echt schockiert hat? Ich weiß zum Teil gar nicht mehr, wie ich zur Arbeit gekommen bin. Total im Autopiloten-Modus. Auf einmal war ich da. Und dann habe ich manchmal das Gefühl, gar nicht wirklich da zu sein. Meine Gedanken sind ganz woanders – ich weiß noch nicht einmal wo... und ich habe Schwierigkeiten, mich abends auf meine Kinder zu konzentrieren. Und überhaupt. Gerade rast das Leben an mir vorbei... – Kennen Sie das auch?«

Das Thema Achtsamkeit ist nicht neu. Es entstammt dem Buddhismus und wird seit 2.500 Jahren praktiziert. Jon Kabat-Zinn aus den USA, ursprünglich ein Molekularbiologe, entwickelte ein auf Achtsamkeit basiertes Stressmanagement-Programm (Mindfulness-Based-Stress-Reduction, kurz MBSR), welches auch in Deutschland immer mehr Resonanz findet. Achtsamkeit ist mittlerweile in seinen positiven Effekten gut erforscht. So konnte nachgewiesen werden, dass sich die innere Gelassenheit, Selbstregulation und die allgemeine Zufriedenheit durch regelmäßiges Üben steigern lässt. Sie brauchen dazu kein Sitzkissen, sondern können Achtsamkeit »informell« im Alltag praktizieren. Achtsamkeit ist, so finde ich, eine wunderbare Möglichkeit »to go« etwas für uns zu tun. Wir können in jedem Moment egal wo wir sind und was wir tun achtsam sein. Achtsamkeit gibt uns einen klaren Kopf, ist hilfreich um abzuschalten, zwischen Telefonaten und Kundenterminen wieder zu sich zu kommen oder innere Ruhe zu finden.

Kabat-Zinn definiert Achtsamkeit wie folgt:

> »Achtsamkeit bedeutet aufmerksam zu sein: bewusst, im gegenwärtigen Augenblick und ohne zu urteilen ... Achtsamkeit ist die Kunst, bewusst zu leben.«

Achtsamkeit meint mit voller Aufmerksamkeit bei seinen Aktivitäten zu sein. Eine Aufgabe erledigen, ohne sich über den Sinn Gedanken zu machen. Die Steuer-erklärung machen und sich darauf einlassen, den Widerstand aufgeben. Achtsamkeit ist das Gegenteil von Unachtsamkeit oder Achtlosigkeit. Wir können achtlos auf dem Bahnsteig hetzen, andere Menschen anrempeln, stolpern oder achtlos essen, indem wir nebenbei Nachrichten schauen, ein hitziges Gespräch führen oder am Computer arbeiten. So nehmen wir nicht wirklich wahr, was wir essen, ob es uns schmeckt und wann wir satt sind. Eine Geschichte von einem buddhistischen Mönch verdeutlicht den Unterschied:

Ein Mann wurde einmal gefragt, warum er trotz seiner vielen Beschäftigungen immer so glücklich sein könne.

Er sagte:
»Wenn ich stehe, dann stehe ich,
wenn ich gehe, dann gehe ich,
wenn ich sitze, dann sitze ich,
wenn ich esse, dann esse ich,
wenn ich liebe, dann liebe ich ...«
Dann fielen ihm die Fragesteller ins Wort und sagten:
»Das tun wir auch, aber was machst Du darüber hinaus?«
Er sagte wiederum:
»Wenn ich stehe, dann stehe ich,
wenn ich gehe, dann gehe ich,
wenn ich ...«
Wieder sagten die Leute:
»Aber das tun wir doch auch!«
Er aber sagte zu ihnen:
»Nein -
wenn ihr sitzt, dann steht ihr schon,
wenn ihr steht, dann lauft ihr schon,
wenn ihr lauft, dann seid ihr schon am Ziel.«

Jon Kabat-Zinn vergleicht ein unachtsames Leben mit »einer Alltagstrance ... wie vom Autopiloten gesteuert und steuerten nicht selbst« und bezeichnet Achtsamkeit als »das Gegengift zur Zerstreuung«[6].

---

[6] Psychologie Heute August 2008

Ellen Langer, eine Achtsamkeitsforscherin aus den USA, begreift Achtsamkeit als »übergeordneter Einflussfaktor[7]«: Egal was wir tun, wir können es mit einer Haltung der Achtsamkeit oder Unachtsamkeit tun – und dadurch unsere Lebensqualität erhöhen oder verringern.

Wir können eine Autofahrt, Bügeln, Abwaschen, Routinearbeiten bei der Arbeit achtsam durchführen oder unachtsam. Wir können uns mit allen Sinnen auf die jeweilige Aktivität einlassen und wahrnehmen, wie zum Beispiel unsere Hände das Lenkrad berühren, wie wir im Auto sitzen oder wie am Schreibtisch unsere Finger die Tastatur berühren – anstatt im Kopf schon bei der nächsten Aktivität zu sein.

Kabat-Zinn übersetzt Achtsamkeit mit »bewusst einmal den Autopiloten« auszuschalten. Sicherlich, ein Autopilotenmodus ist gut und hilft uns, Energie zu sparen. Wenn wir ständig neu über unsere Alltagshandlungen, wie zum Beispiel das Autofahren nachdenken müssten, wäre das sehr kräftezehrend. Es gibt Situationen, wo uns der Autopilot unterstützt und gut ist. Alltagsroutinen.

Und es gibt Situationen, wo es sich lohnt, den Autopiloten auszuschalten – und sich mental in den Strandkorb zu setzen, um dann zu schauen:

- Was ist hier eigentlich gerade los?
- Wie geht es mir jetzt in diesem Moment?

---

[7] Harvard Business Manager April 2014, S. 37

- Was denke und fühle ich gerade? Drehen meine Pferde gerade durch?
- Wer hat gerade die Zügel in der Hand?
- Wer lenkt mich gerade?
- Wo bin ich gerade – körperlich und mental?

Schalten Sie den Autopiloten aus, wenn Sie zum Beispiel das nächste Mal in einem Gespräch sind. Seien Sie wirklich im Gespräch – und nicht schon im nächsten Termin. Seien Sie wirklich beim Mittagessen und nicht schon bei der Präsentation am Nachmittag.

Bei Achtsamkeit geht es darum, mehr im Jetzt zu sein anstatt in der Vergangenheit oder in der Zukunft. Wirklich im Hier und Jetzt zu sein und den Moment zu akzeptieren und wahrzunehmen.

Wir können nicht in jedem Moment achtsam sein. Doch wir können jeden Moment damit anfangen, egal wo wir gerade sind. Auch jetzt, wenn Sie das Buch lesen. Nehmen Sie wahr, wo Sie gerade sind, mit Ihrem Körper, mit Ihren Gedanken. Nehmen Sie wahr, wie sich das Buch in Ihren Händen anfühlt.

»Wir können die Wellen nicht aufhalten, aber wir können lernen auf ihnen zu reiten.« (John Kabat Zinn)

Das Konzept der Achtsamkeit hat mich vor einigen Jahren unter Anderem gepackt, weil Achtsamkeit nichts verlangt, keine Aktion, keinen Aktionismus, kein »ich muss...«.

Schauen Sie sich noch einmal Ihre persönliche Wetterlage ab Seite 29 an. Wäre es nicht schön, wenn die erlebten Belastungsfaktoren nicht mehr da wären und mehr schönes Wetter (tatsächlich und im übertragenen Sinne) zu haben? Ja. Und dennoch ist es unrealistisch, nur das Schöne zu haben. Es ist unrealistisch zu erwarten, dass es immer geradeaus geht:

Achtsamkeit bedeutet, einfach zu sein und aufzuhören innerlich zu kämpfen, mehr zu wollen, es anders zu wollen. Achtsamkeit bedeutet, mit den gut und negativ wahrgenommenen Faktoren auf unserem Weg zu gehen.

Wir bekommen ständig gesagt, was wir zu tun und zu lassen haben, damit wir gesünder, entstresster, gelassener werden, besser mit unseren Belastungen umgehen, etc. Achtsamkeit meint: Akzeptiere die Dinge so, wie sie sind. Heiße alles willkommen, sowohl das, was

Spaß macht als auch das, was für einen selbst negativ ist. Achtsamkeit verlangt keine Aktion.

Wie fühlt sich das an, nicht mehr zu kämpfen, keinen Widerstand mehr zu leisten? Sondern zu allem ein freundliches »Hallo!« zu sagen?

Vielleicht ungewohnt... Wir sollen auch nicht komplett aufhören zu kämpfen. Achtsamkeit fordert uns zum Akzeptieren von den Höhen und Tiefen des Lebens auf. Es ist unrealistisch an einen stressfreien Tag zu glauben oder daran, dass es nie wieder Tiefpunkte im Leben gibt. Diese gehören zum Leben dazu.

Achtsamkeit meint kein weiteres »to do«, sondern ein mehr an »to be«. Wir sind ständig im Aktionsmodus und meinen, wir müssten etwas tun! Anstatt wahrzunehmen, was wir eigentlich tun. Und einfach zu sein.

Chade-Meng Tan, tätig in der Personalentwicklung bei google, hat in seinem wunderbaren Buch »Search Inside Yourself« Achtsamkeit anschaulich beschrieben. Er beschreibt die einfachste Achtsamkeitsübung wie folgt: Sitzen Sie einfach nur da, zwei Minuten, nichts tun und einfach schauen was passiert.

- Schaffen Sie bewusst Momente, wo Sie einfach da sind. Eine Minute da sein. Zwei Minuten da sein. Gedanken und Gefühle werden auftauchen – die sind wie kleine Hunde, wild und zappelig. Lassen Sie Gedanken und Gefühle kommen und auch wieder gehen. Wie Wolken am Himmel.
- Benennen Sie, was gerade ist, zum Beispiel beim Autofahren. »Die Ampel ist rot.« Nicht mehr. Es ist kein persönlicher Angriff. Oder: »Das Gras ist grün.« - auch daran können wir nichts ändern.

Müllerchen, was regst Du Dich eigentlich auf?

Das Konzept der Achtsamkeit hat eine Seminarteil-
nehmerin mit einem Beispiel aus ihrem Arbeitsalltag
verdeutlicht. Wenn sie von einem Kunden angestrengt
ist, schafft sie es in eine Art »Sekundenschlaf« zu
gehen und sich von der Ferne zu sehen.

Sie sieht sich aus der Distanz und stellt fest »Es ist
totaler Quatsch, dass ich mich hier gerade innerlich
aufrege, dazu gibt es nicht wirklich einen objektiven
Grund.« Sie selbst hat das bisher als eine Art »Sekundenschlaf« betrachtet, anschließend konnte sie dann
wieder offen in das Kundengespräch gehen.

Eine hilfreiche Möglichkeit der Achtsamkeit ist: Wenn
wir uns in einer für uns anstrengendenn Situation
befinden, können wir uns in den Strandkorb beamen,
uns aus der Ferne betrachten und uns fragen »was mache ich da eigentlich gerade?« und »ist es gerade intelligent und effektiv, sich innerlich so aufzureiben?«

Oder wir stellen uns eine Wache vor dem Buckingham Palace vor. Diese Wache bewegt sich nicht und beobachtet nur, was passiert. Wer kommt, wer geht. Dieses Bild können wir uns vorstellen als Konzept der Achtsamkeit. Stellen wir uns neben uns – wie die Wache. Und beobachten, was für Gedanken und Emotionen kommen und gehen.

Die 3. Person

Selbstreflexion und Achtsamkeit schafft Abstand zu uns. Durch diese Distanz und Klarheit fällt es uns leichter, uns selbst zu erkennen und dann auch uns selbst zu steuern. Unsere Mitmenschen, Familie, Freunde und Lebenspartner haben automatisch eine Distanz zu uns, zu unseren Gefühlen und Gedanken, unserem Verhalten. Wir wirken manchmal anders, als wir meinen.

Unser Eigenbild und unser Fremdbild können different sein, zum Beispiel wenn wir in einem Gespräch feststellen oder auch ein Feedback bekommen »Mensch, Du wirkst auf mich aber immer ganz anders als so wie Du es gerade beschrieben hast, wie Du Dich fühlst.«

Ein ähnliches Phänomen erleben wir, wenn wir in einer Vorstellungsrunde jemanden anderen aus unserer Perspektive vorstellen. Hier fällt es uns leichter, über jemand anderen zu sprechen und der Vorgestellte fühlt sich meist sehr gut, zusammen gefasst und erkannt.

Die folgende Übung habe ich selbst auf einer Weiterbildung als wirksames Selbstreflexionsinstrument kennen gelernt[8]. Wir alle kennen Vorstellungsrunden: Wer bin ich, was mache ich beruflich, was sind meine Hobbies, ... – Jetzt wechseln wir die Perspektive!

Stellen Sie sich vor, Sie sind ein guter Freund / gute Freundin von Ihnen. Und diese Person erzählt wiederum jemandem anderen von Ihnen, wie es Ihnen gerade geht und was Sie erleben. Was sagt diese Person über Sie und Ihr Kutschensystem? Machen Sie sich hierzu Notizen.

---

[8] Übung angelehnt an in-stability (Weiterbildung Transaktionsanalyse)

Faktor Ziele

Herr Meister ist nachdenklich. »... ich hätte nicht gedacht, dass Selbstführung so viel mit Nachdenken zu tun hat... Ich kenne mich mit meinen Projekten super aus, aber mit mir selbst? Ungewohnt, anstrengend. Ich dachte eher, dass ich so Tipps und Tricks bekomme, was ich besser machen kann. Aber so ist es glaube ich besser und auch nachhaltiger. Ich habe mich immer gewundert, dass bei mir nichts geholfen hat an Stressmanagement oder so. Und jetzt merke ich, dass mir keine weitere Technik hilft, sondern dass ich selbst den Schalter umlegen kann und muss, wenn ich mich ändern möchte. Und ich glaube, ich möchte mal drüber nachdenken, was ich eigentlich wirklich will.«

Wo soll unsere Kutschfahrt, unsere Reise hingehen? Machen wir uns über die nächste Ferienreise mehr Gedanken als über unser Leben? Selbst die Planung einer Ferienreise ist schon komplex: Wo soll es hingehen, was möchten wir machen und erleben, wie möchten wir reisen?

Wir sind unser ganzes Leben auf einer Reise. Es lohnt sich, über seinen eigenen, ganz persönlichen Reise- und Lebensweg klar zu werden. Wo soll es hingehen?

Wenn wir Klarheit über unsere Ziele haben, können wir den Weg dorthin auswählen und an den Kreuzungen einfacher entscheiden. Logisch. Klar. Einfach? Nein, nicht immer. Denn im Zusammenhang mit unseren Zielen steht die Frage: Was ist mir wirklich wichtig? Was möchte ich auf meiner Kutschfahrt erleben? Was möchte ich unbedingt sehen?

Natürlich gibt es Grundziele, die mit unseren Bedürfnissen zusammen hängen. Wir möchten genug Geld verdienen, so dass wir uns Miete und Nahrung leisten können. Doch dann geht es ja schon los: Wie möchten wir denn das Geld verdienen? Wie möchten wir wohnen?

Und schon sind wir mittendrin in der Erfolgsdiskussion ...

Über Erfolg neu denken

Wir sagen schnell »ich möchte erfolgreich sein« oder »ich wünsche Dir Erfolg« - doch was heißt dies eigentlich?

Was ist ein erfolgreicher Lebensweg und was ist erfolgreiche, intelligente Selbstführung? Eine allgemeine Erfolgsdefinition bei Wikipedia lautet:

48

»Erfolg ist durch die Art und den Grad der Zielerreichung definiert.«

Diese Definition ist einfach und dennoch sehr tiefgründig. Sie verdeutlicht, dass Erfolg eine subjektive Angelegenheit ist.

Wir können uns als Vergleich einen Marathonlauf vorstellen. Wir alle standen mit unserer Geburt in unserem Leben am Start. Und dann haben wir eine lange Strecke vor uns.

Mit welchem Ziel gehen wir an den Start? Wollen wir durchkommen? Oder haben wir ein Leistungsziel, möchten wir die 42,195 km in einer bestimmten Zeit laufen? Möchten wir uns verausgaben und im Ziel zusammenbrechen? Oder möchten wir in einem für uns angenehmen Tempo den Lauf bestreiten, dabei den Lauf, den Weg genießen und mit einem Lächeln ins Ziel kommen?

Wenn wir uns vor Augen halten, dass 50% der Marathonläufer vor dem Start Schmerzmittel einnehmen[9], wird unsere verrückte Welt deutlich. Ich denke diese Zahl ist symptomatisch. Wir tendieren schnell dazu, alles zu tun, damit wir weiter laufen können – auch im übertragenen Sinn im Leben selbst, wenn wir keinen Marathon laufen. Ist es an der Zeit, über Erfolg neu nachzudenken?

Abseits der klassischen Ziele sich vor allem klar zu werden: Wie möchte ich leben? Welchen Preis bin ich bereit zu zahlen? Wie möchte ich meinen Weg beschreiten?

Mir stellte ein Vortragsredner[10] bei einer Weiterbildung die Frage: »Wer möchte mit mir zu Fuß heute nach Barcelona losgehen? 1.700 km.« Nur wenige meldeten sich. Und er fragte nochmal »Wer hat Lust mit nach Barcelona zu Fuß zu gehen? Wir gehen pro Tag ca. 20 – 30 km, übernachten in schönen Pensionen, genießen zwischendurch einen Kaffee und abends gutes Essen, wir machen uns eine schöne Reise. Wer kommt mit?« Und schon meldeten sich mehr.

Um im Kutschenbild zu bleiben:

Wo ist mein Ziel und wie möchte ich es erreichen? Wie möchte sich das Kutschensystem insgesamt fühlen?

---

[9] Brune/Niederweis/Kaufmann/Küster-Kaufmann (2009): Jeder Zweite nimmt vor dem Start ein Schmerzmittel. MMW-Fortschritt Medizin
[10] Christian Seigwasser, 11. Mai 2015

Wollen wir mit letzter Kraft am Ziel ankommen und 100% erreicht haben, jedoch eine Art eingesetzt haben, bei der die eigene Kraft (Kutsche) oder die eigenen Werte auf der Strecke geblieben sind? Oder wollen wir den Weg zum Ziel als auch die Zielerreichung genießen, unseren Weg gehen anstatt den Weg von jemand Anderen?

Wie sehr bleibe ich auf meine Ziele fixiert? Wie hoch ist der gesundheitliche Preis? Aus der Coaching- und Trainingserfahrung kenne ich einige Teilnehmer, die nur die beruflichen Ziele im Blick hatten. Und erst, wenn der Körper sagt »Wir müssen mal anhalten.« wurde der Weg neu geplant.

Es geht hier weder um ein richtig oder falsch oder darum, dass nur ein Weg der erfolgreiche ist. Vielmehr geht es um eine bewusste Entscheidung, wohin und wie ich den Weg gehen möchte: Die Zügel in die Hand nehmen bei der eigenen Reiseplanung.

Wie fahren Sie mit Ihrer Kutsche auf Ihr Ziel zu?

Sind Sie auf das Ziel fixiert (Grad der Zielerreichung) oder / und möchten Sie auch den Weg (Art der Zielerreichung) genießen?

Was ist Ihnen wichtiger?

Mindestziele sind eiserne Ziele

»Setz Dir ein eisernes Mindestziel, was Du auf jeden Fall erreichen möchtest und ein Optimalziel, dann machst Du auch weiter, wenn das Optimalziel nicht mehr drin ist.«

Diesen Rat habe ich vor meinem Marathon in 2005 bekommen. So war ich den ganzen Lauf über motiviert, weil es eine Pufferzone gab zwischen »ich möchte einfach durchkommen / ankommen« und meinem Zeitziel / Optimalziel. Aufgeben und Aussteigen gab es damit für mich nicht.

Eiserne Ziele und Optimalziele – eine praktische Sache auch für den Alltag. Viel zu oft denken wir in Schwarz-Weiß: ‚Jetzt habe ich schon ein Stück Schokolade gegessen, dann kommt es ja auch nicht mehr darauf an‘ (und esse die ganze Tafel Schokolade). Oder in der Tagesplanung im Job ‚Na toll, jetzt kam der Tag doch ganz anders und statt drei Stunden Zeit für mein Konzept habe ich jetzt nur noch 1 Stunde, da kann ich es auch gleich bleiben lassen.‘

Nein! Selbst eine Stunde konzentrierte Arbeit ist wertvoll. Eine Stunde konzentrierte Arbeit oder 10 nicht gegessene Stückchen Schokolade oder was immer es in Ihrem Fall ist, machen einen Unterschied.

Es ist unser Kopfkino, was mit uns durchgeht: In unserer Vorstellung hatten wir den ganzen Tag Zeit für das Projekt. Und nun kommen Störungen und mittags dann doch noch ein Arzttermin hinzu.

Wir können mit dem Konzept der achtsamen Selbst-reflexion und den Mindestzielen auf unserem Weg bleiben:

Durch eiserne Ziele verpflichten wir uns zur Aktion. Mit dem Konzept der Achtsamkeit erkennen wir mehr und mehr, wie wir durch unsere Gedanken unproduktiv sind. Wir lernen, uns auf diesen einen Moment zu konzentrieren und unsere Aufmerksamkeit zu sammeln.

Wir haben es in der Hand, wie wir unsere Zeit nutzen und wie wir ein Zeitfenster von zehn Minuten bewerten.

Strandkorb-Impuls

Definieren Sie gleich morgens oder noch besser am Abend vorher ihre eisernen Ziele für den Tag – sowohl für sie ganz persönlich als auch für den Job.

Räumt die Ziele dankend aus dem Weg!

Ziele sind gut, sie geben uns eine Orientierung. Ziele erleichtern uns die Entscheidung, wenn wir an Kreuzungen stehen. Doch Ziele können uns im Weg stehen, wenn nur das Ziel zählt und nicht der Weg dorthin. Ziele blockieren uns, wenn wir uns zu sehr auf das Endziel konzentrieren und den Weg um uns herum nicht mehr wahrnehmen.

Dann sind wir zügellos, denn wir laufen viel zu verbissen durch unser Leben, haben selbst Scheuklappen auf, rasen fremdbestimmt durch den Tag anstatt den Entwicklungs-Weg zum Ziel wahrzunehmen.

Neben dem fokussierten Blick auf unsere Ziele sollten wir ein wenig Platz lassen, um die Gänseblümchen am Wegesrand und vieles mehr wahrzunehmen. Offen sein für das, was rechts und links von uns passiert. Den Weg genießen.

Das Ziel ist auch im Weg, wenn wir es zu schnell erreichen wollen. Dann werden die Pferde nervös, der Kutscher muss die Peitsche rausholen, um die Pferde anzutreiben. Auf der Strecke bleibt die Freude oder auch die Kutsche.

Um beim Bild des Marathons zu bleiben: Wir können einen Marathon laufen und ins Ziel kommen, aber nicht wenn wir zwei Wochen vorher mit dem Training anfangen. Damit tun wir uns und unserem Körper keinen Gefallen. Wer einen Marathon oder ein anderes großes Ziel erreichen möchte, muss sich Zeit lassen, Grundlagen trainieren, Trainingszeiten einplanen, eine gute Ausrüstung haben und sich mit etwas Abstand fragen: Wann und wie ist die Zielerreichung realistisch?

Vishen Lakhiani, Gründer und CEO von mindvalley hat in seinem Konzept »The Theory of Awesomeness« (Die Theorie der Großartigkeit) erklärt, wie wir unser Leben in einem »Flow«-Zustand leben können[11] . Seine These: Wir benötigen ein Gleichgewicht zwischen unseren Visionen und Zielen als auch zwischen dem Annehmen und der Dankbarkeit für das, was jetzt gerade ist – »The Balance between a vision of the future and being happy in the now«. Er appelliert an uns, schon vor der Zielerreichung glücklich zu sein.

[11] Das Video hierzu gibt es auf www.mindvalley.com/flow

56

Dankbarkeit ist ein wunderbares Gefühl, um auf der Kutsche aufrechter zu sitzen und der Welt ins Fenster zu schauen. Dankbarkeit füttert unsere Pferde wie eine Vitaminspritze – und wir können uns jederzeit in Dankbarkeit üben.

Strandkorb-Impulse

Bleiben Sie mit Ihrer Kutsche einen Moment stehen und überlegen Sie: Wo bin ich gerade auf meinem Weg? Wofür kann ich jetzt schon dankbar sein?

Schreiben Sie jeden Abend (mindestens über einen Zeitraum von 7 Tagen) auf, wofür Sie dankbar an diesem Tag waren.

Herr Meister ist verwirrt und macht einen Strandspaziergang. In ihm kommt viel in Bewegung. Was denn nun: Ziele oder Weg? Und er merkt, dass er klare Aussagen benötigt und schnell auch in ein Schwarz-Weiß-Denken verfällt. Und er fühlt sich ertappt. Ja, er hat sich in den letzten Monaten viel zu sehr auf seine Ziele konzentriert. Und »wenn ich die erst erreicht habe, dann mache ich wieder mehr Sport, dann kann ich mich wieder um mich und meine Familie kümmern.« Und er fragt sich: Vielleicht würde ich meine Ziele ja schneller erreichen, wenn ich jetzt schon anfange, etwas für mich zu tun?

Das Modell mit diesem Flow hat ihn inspiriert. Zurück in seinem Strandkorb schreibt er sich auf: Wo stehe ich gerade, wofür kann ich jetzt gerade dankbar sein. Er ist gewohnt nach vorne zuschauen... und merkt, wie wohltuend es ist, einfach da zu sein, wo er jetzt gerade ist und auch ein wenig zurück zu blicken auf das, was er erreicht hat.

So langsam kribbelt es in seinen Fingern: Erste Ideen für persönliche Ziele kommen auf. Er möchte neu starten, in Bewegung kommen. Doch er ist sich unsicher: Wie muss ein Ziel sein, damit ich wirklich etwas tue und der Schweinehund möglichst klein bleibt? Er hat schon alles probiert, smarte Ziele und so... und dennoch hat es nicht funktioniert. Gibt es noch etwas anderes?

Ziel zu verkaufen!

Die schönsten Ziele nützen nur denen, die die Ziele vor sich selbst verkaufen können. Haben wir genügend Argumente in uns? Damit wir uns selbst die Ziele abkaufen können, müssen wir uns drei Fragenkomplexe beantworten[12]:

1. Klarheit:
   Was möchten wir erreichen? Haben wir Klarheit über unser Ziel? Verstehen wir das Ziel?

2. Machbarkeit:
   Was brauchen wir zur Zielerreichung? Haben wir Einfluss auf die Zielerreichung und haben wir alle Werkzeuge, um das Ziel zu erreichen oder wie können wir uns diese organisieren?

3. Sinnhaftigkeit:
   Wozu möchte ich das Ziel erreichen? Inwieweit wird sich die Zielerreichung für mich lohnen? Und wie belohne ich mich bei der Zielerreichung?

Wir werden die Zügel unseres Lebens besser in der Hand haben, je mehr wir die Antwort auf die wichtigste Frage wissen: Wozu? Wozu möchte ich diese Ziele erreichen? Wozu gehe ich diesen Weg?

---

[12] Diese drei Fragen sind angelehnt an das Konzept der Salutogenese (Entstehung von Gesundheit) von Aaron Antonovsky, vgl. Seite 18

Solange wir die Antworten auf das »Wozu?« nicht kennen, sind wir zügellos und beeinflussbar, vor allen Dingen vor unseren inneren Schweinehunden.

Wenn wir vor uns selbst nicht wissen, warum wir Karriere machen möchten, abnehmen, mit dem Rauchen aufhören, selbständig werden wollen ...oder oder oder... fallen wir bei kritischen Fragen und Zigarettenangeboten um und kommen von unserem Weg ab.

Wenn dies so ist, können wir uns fragen, ob es wirklich unser Ziel ist, ob wir das wirklich möchten oder ob wir meinen, wir müssten / sollten dieses Ziel erreichen (weil »man« das ja muss).

So sind die Situationen, in denen wir merken, dass wir verführbar sind, gute Hinweise für uns, uns noch einmal die Sinnfrage zu stellen und tiefer zu bohren.

Unsere Antworten sind die Vertreiber unserer Schweinehunde, die im Gebüsch am Wegesrand lauern und uns neue Wege madig machen wollen. Schweinehunde haben weniger Lust anzugreifen, wenn sie einen klaren Kutscher erkennen, der weiß, was er will und wozu er es will.

Also, wenn Sie merken, dass Sie bei der Umsetzung Ihrer Vorsätze und Ziele nicht in die Spur kommen: Halten Sie inne und beantworten Sie für sich Ihre Frage nach dem »Wozu?«. Sie sollten bei einem Ziel so richtig, aus vollstem Herzen, innerlich »jawoll« schreien können.

<u>Strandkorb-Impulse</u>

Reflektieren Sie Ihr eigenes Kutschensystem

Was möchten Sie verändern: betrifft es Ihre Kutsche, Ihre Gedanken und Emotionen oder Ihren Fokus? Was genau möchten Sie an sich verändern? Was können Sie als Kutscher dafür tun?

Machen Sie einen ersten Zielcheck:

Was möchte ich verändern?

Wozu möchte ich es verändern?

Was kann ich im Alltag dafür tun?

Einen ausführlichen Zielcheck finden Sie als Arbeitsblatt 02 im Downloadbereich.

Zielkino

Eine Unterstützung zur Zielerreichung ist das fokussierte Anschalten des Kopfkinos: Wie sieht Ihr Kinofilm aus, wenn Sie Ihr Ziel erreichen?

Dieses konstruktive Kopfkino ist eine Überprüfung der eigenen Ziele und eine Unterstützung der eigenen Veränderung. Die Psychologin Johanna Müller-Ebert beschreibt in einem Interview, dass es weniger auf die innere Willenskraft zur Zielerreichung ankommt. Vielmehr sei es für die Veränderung unterstützender, ein inneres Bild zu kreieren:

> »Wer will ich sein? Wer werde ich sein, wenn ich das, was mich jetzt so stört, überwunden habe?«[13]

Strandkorb-Impuls

Stellen Sie sich bildlich vor: Was ist an Ihrem Kutschensystem anders, wenn Sie Ihr Ziel erreicht haben? Was hat sich an Ihrer Kutsche, an Ihren Pferden oder am Kutscher geändert? Wie fühlen Sie sich, wenn Sie Ihr Ziel erreicht haben?

---

[13] Psychologie heute, Oktober 2014 , S. 21

Dranbleiben

Ist der Sinn hinter den Aufgaben geklärt, und haben Sie eine visuelle Vorstellung von sich selbst im Ziel, wird der Weg zur Zielerreichung einfacher. Geben wir ein Ziel bei der Autofahrt in ein Navigationssystem ein, so können wir uns unsere Jahres-/Monats-/Wochen-/Tagesziele schriftlich in unserem Planer verdeutlichen.

Ich bin ein Fan der guten alten Papierkalender, wo ich den Überblick über mein Jahr mit den einzelnen Monaten und Wochen bis hin zur Tagesplanung habe. Über allem stehen meine Jahresziele und ein Post-it wandert als wöchentliche und tägliche Erinnerung mit mir durch das Jahr.

Für das Jahr stelle ich mir ein qualitatives (wie möchte ich mein Ziel erreichen) und ein quantitatives Ziel (Umsatzziel), beides halte ich schriftlich fest. Und unter den beiden Zielen steht:

> Was habe ich heute für die Erreichung meiner Ziele getan?

Diese Frage erdet und lässt uns auf das Wesentliche fokussieren. Wenn wir merken, dass es uns schwer fällt, etwas für unsere Ziele zu tun, halten wir inne, und reflektieren, woran es liegt:

- Sind die Ziele noch meine?
- Hat sich der Wert der Ziele für mich verändert?
- Sind sie zu weit weg? Oder schon zu nah dran?
- Glauben wir an die Ziele?

- Haben wir unsere Ziele unseren Pferden verkauft, so dass sie gerne auf die Ziele lostraben?

Wenn wir nicht voller Begeisterung unsere Ziele erreichen möchten, wenn wir nicht richtig »Bock« auf unsere Ziele haben, wird der Weg eher beschwerlich. Unsere Ziele sollten unsere Augen zum Leuchten bringen, die Finger zum Kribbeln und die Hufe zum Scharren. Dann sind sie gut für uns.

Strandkorb-Impulse

- Fixieren Sie Ihre wichtigsten Ziele schriftlich auf einem Postit, einer kleinen Karte – so dass Sie diese immer dabei haben können.
- Fragen Sie sich jeden Tag: Was habe ich heute für meine Zielerreichung getan?

Erst die Stabilität dann die Freiheit

... diesen Spruch habe ich von einer Yoga-Stunde vor ewigen Zeiten mitgenommen, als es um die korrekte Ausübung einer Yoga-Pose ging. Primär ging es um die Erreichung eines festen Standes und Grundposition und dann erst um die Feinheiten. Erst wenn das Gerüst, das Fundament stabil genug ist, können wir es ausschmücken.

Yoga mache ich nicht mehr regelmäßig, den Spruch nutze ich umso öfter. Auch bei unseren Zielen sollten wir vorerst nach Stabilität, dem Pflichtprogramm streben und dann erst nach der Kür und den Schleif-chen.

Mich erinnert der Yoga-Spruch an das Pareto-Prinzip. Dies besagt, dass wir mit 20% Einsatz 80% des Ergeb-nisses erzielen. Beispiel: In 20% der Zeit erreichen wir 80% einer Präsentation (den roten Faden, die Kernin-halte, Überschriften, welche Bilder wir zeigen). Die restlichen 80% sind zeitaufwendiger und machen nur 20% vom Ergebnis aus (Nachrecherche, genaue Text-gestaltung, Bilder und Grafiken finalisieren). Das be-deutet nicht, dass die letzten 20% weniger wichtig sind. Doch sollten wir uns zuerst auf die 20% konzentrieren, die für 80% Ertrag sorgen und uns nicht im Detail verlieren.

Strandkorb-Impuls

Was braucht Ihr Kutschensystem für mehr Stabilität, was sind Ihre 20% die Ihnen 80% des Erfolges bringen?

Herr Meister macht sich langsam auf den Rückweg nach Hause. Innerlich ist er ruhiger geworden. Eine erste Idee für ein Ziel wird immer konkreter. Er möchte nicht mehr so schlapp und ausgelaugt nach Hause kommen und wieder mehr für sich machen. Seine Kutsche stärken, darum geht es ihm.

Sein Zielbild: In sechs Monaten fühlt er sich fitter, kann abends abschalten und die freie Zeit auch wirklich genießen. Und er kümmert sich um seinen Körper: er möchte laufen gehen und eine 5 km Runde locker schaffen.

Er fragt sich: Gibt es nicht ein paar kleine Tipps, die ich einfach so, mal ohne Nachdenken machen kann? Ich brauche mal eine Pause von der Reflexion.

Faktor Fokus: Keine Scheu vor Klappen

Stehen die Ziele fest, geht es an die Zielverfolgung. Ein Ziel wird nicht von selbst erreicht. Klar. All zu leicht können wir uns im Alltag ablenken lassen. Die Verführung ist sehr groß und lauert an jeder Ecke bzw. in jeder Hosentasche. Unsere smartphones, das Internet und E-Mails sind neben Meetings große Produktivitäts- und Zeitfresser während der Arbeitszeit:

»Von 40 Wochenstunden verbrachten die Mitarbeiter im Schnitt 21 Stunden in Konferenzen – und davon acht Stunden in solchen, die man problemlos hätte streichen können. Acht Arbeitsstunden pro Woche gingen für das Schreiben und Beantworten von E-Mails drauf – vier davon unnötigerweise.«[14] - Das kann jeder für sich optimieren.

---

[14] Studie der Unternehmensberatung Bain, Quelle: http://www.spiegel.de/karriere/berufsleben/e-mails-und-meetings-so-viel-arbeitszeit-wird-jedes-jahr-vergeudet-a-985991-druck.html

Das Fernsehen hält uns in unserer Freizeit davon ab, aktiv zu werden, nachzudenken, zu sein und zu tun. Bitte nicht falsch verstehen, ich habe nichts gegen fernsehen. Doch die Dosis macht das Gift. Im Durchschnitt schauen wir Deutschen 221 Minuten Fernsehen - pro Tag.[15] Ich vermute, dass sich viele dabei treiben lassen, sich fremdbestimmen lassen... und am Ende stellt sich das Gefühl wie nach einer Tüte Chips ein: Völlerei mit wenig Nährwert.

Auch hier haben Sie die Macht über die Fernbedienung. Und auf das Kutschensystem bezogen: Als Kutscher können Sie Ihr Kutschensystem effektiver und leichter steuern, wenn die Pferde auf dem Weg bleiben und nicht jeder Möhre hinterherrennen.

---

[15] Arbeitsgemeinschaft Fernsehforschung

Deshalb:

Damit die Pferde nicht so irritiert auf der Kutschfahrt sind und sich weniger aufregen, bekommen sie Scheuklappen. Das macht es für den Kutscher entspannter und kostet den Pferden weniger Energie. Es geht um das Reduzieren von Ablenkungen, um unsere Ziele leichter und genussvoller zu erreichen.

Es geht darum, mehr die Dinge umzusetzen, die uns wirklich wichtig sind. Egal ob am Schreibtisch oder fernab davon.

Klappe 1: Kiffen ist auch keine Lösung

Jetzt kommt die Geschichte vom Kiffen. Ich selbst habe noch nie gekifft, sondern habe kurz davor gekniffen... Beim Sabbatical mit Rucksack und Flipflops 2002 hatte ich diverse Angebote dazu und sogar einen Joint geschenkt bekommen, den ich ine Weile in meinem Rucksack herumgetragen habe. Kurz bevor es dann in den Flieger zur nächsten Station ging, habe ich an Mitreisende weitergegeben.

Von meiner Bonus-Tochter wurde demnach der Buchtitel fraglich kommentiert mit »Wie willst Du über etwas reden, womit Du Dich nicht auskennst?« Recht hat sie. Und doch: Ich kenne mich mit viel schlimmeren Dingen aus! Zum Beispiel mit E-Mails und Störungen.

Aus meinen Werbeagenturzeiten kenne ich das Gefühl, möglichst schnell E-Mails zu versenden und zu beantworten. Wenn dies nicht erfolgte, klingelte direkt das Telefon »Hast Du die E-Mail gesehen?«

In einer Studie[16] wurden zwei Gruppen in unterschiedlichen Räumen mit dem gleichen IQ-Test konfrontiert. Gruppe 1 wurde dabei von eingehenden E-Mails und Telefonaten gestört, Gruppe 2 bekam keine E-Mails, sie durften vor der Aufgabenlösung kiffen. Es wurde gemessen, wie sich E-Mails bzw. Marihuana auf das Ergebnis des IQ-Tests auswirken. Sie ahnen es schon: Die Kiffer waren um sechs IQ-Punkte besser als die E-Mail-Gestörten.

---

[16] brandeins, Ausgabe 07/07, Artikel »Sie haben Ablenkung« Seite 68

Und die Moral von der Studie heißt nicht, dass Sie sich einen Dealer organisieren. Vielmehr sollten Sie Ihre E-Mails organisieren bzw. ausschalten.

Das ist ein einfacher Impuls, mit dem wir die Zügel unserer Produktivität, Ekketivität und letztlich unsere Zufriedenheit am Ende des Tages steigern können.

Setzen Sie Ihren Pferden im Alltag Scheuklappen auf:

- Schalten Sie Vorschaufenster und Benachrichtigungston von E-Mails aus.
- Schalten Sie komplett das E-Mail Programm aus, so werden Sie auch nicht verleitet, wenn Sie sehen, dass es neue E-Mails gibt. Unsere Sinne / unsere Pferde sind sehr verführbar, sie möchten Neues erleben, sind neugierig und sind leicht ablenkbar.
- Schaffen Sie sich bestimmte Zeitfenster zum Bearbeiten Ihrer E-Mails. Informieren Sie ggf. Ihr Team, dass Sie E-Mails nicht mehr adhoc beantworten.
- Wenn Sie derart angesprochen werden, warum Sie E-Mails nicht mehr direkt beantworten, können Sie knackig erwidern: »Ich bin schon einen Schritt weiter und lasse mir von E-Mails nicht mehr auf der Nase herumtanzen.«

Klappe 2: Freie Fahrt statt »Stop and Go«

Wenn Sie die Kiffer-Studie nicht überzeugt hat, gibt es eine weitere Studie von 2004[17]. Gloria Marks in Kalifornien beobachtete sieben Manager, acht Programmierer und neun Analysten, was sie den ganzen Tag machen. Sie stellte als Kernergebnisse fest, dass die Angestellten

- durchschnittlich alle 11 Minuten gestört wurden (durch E-Mail, Telefon, Instant Messenger, direkter Kontakt) oder sich selbst gestört haben (»Mensch, das muss ich doch grad erledigen, sonst vergesse ich das«)
- nach der Störung nicht direkt wieder zur ursprünglichen Aufgabe zurückkamen sondern zwei andere Aufgaben erledigt haben. Durchschnittlich dauerte es 25 Minuten, bis sie wieder bei ihrer ursprünglichen Aufgabe waren.
- Bis sie wieder im Thema waren, vergingen acht Minuten.

Das heißt, sie hatten durchschnittlich drei Minuten Zeit bis zur nächsten Störung. Produktives und effektives Arbeiten geht anders.

---

[17] brandeins, Ausgabe 07/07, Artikel »Sie haben Ablenkung«, Seite 66

Daher:

- Nochmal: Schalten Sie Ihre E-Mails aus und bearbeiten Sie sie nur 2-3 Mal am Tag konzentriert ab. Sie rennen ja auch nicht jede Minute zu Ihrem Briefkasten vor der Haustür.
- Handy-Signaltöne auf lautlos stellen.
- Telefon umleiten.
- Tür zu.
- Oder im Großraumbüro: Stop-Schild auf den Schreibtisch stellen.

Es sei denn, Sie möchten sich stören lassen und wollen unproduktiv sein... Mir ist durchaus bewusst, dass es in vielen Berufen nicht möglich ist, das Telefon umzustellen oder ein Stop-Schild zu platzieren. Doch es gibt immer Möglichkeiten, Störungen zu reduzieren.

Besprechen Sie Möglichkeiten in Ihrer Abteilung. Ich kenne kaum Menschen, die sich über zu wenige Störungen und zu wenig Fremdbestimmung beklagen.

Klappe 3: Ablenkungs-Parkplatz »Daddelliste«

Unsere Gefühle und Gedanken laufen uns oft davon. Sie sind wie ein kleiner Hund, der von einer Attraktion zur nächsten rennt. Wobei alles attraktiv ist. Ein Geruch, ein Geräusch, ein Leckerli.

Dementsprechend sind unsere Pferde immer am Schauen, was es Neues gibt. Im Alltag macht sich dies durch eine Anfälligkeit für Ablenkungen deutlich: Schnell mal im Internet nachrecherchieren, ach ja und das wollte ich ja auch noch schauen... und schwups ist eine halbe Stunde um – wo war ich eigentlich? Welche Aufgabe habe ich gerade bearbeitet? Ach jetzt lohnt es sich ja auch nicht mehr, gleich Mittagspause... dann doch noch mal schnell bei Facebook und WhatsApp vorbeischauen..

Dieses Beispiel ist überzogen und doch kommt es vielen meiner Teilnehmer bekannt vor. Wir sind störungsanfälliger geworden und fast unfähig zur Konzentration.

Störungen in Form von Gedanken an den nächsten Einkauf, das Geburtstagsgeschenk für die Schwiegermutter, die Kinokartenorganisation oder die zündende Idee für die Präsentation sind wichtig. Diese Gedanken wollen beachtet werden, auch und gerade wenn wir in unserer produktiven und konzentrierten Phase sind.

Gute Erfahrungen haben viele Teilnehmer mit der »Daddelliste« gemacht. Das ist ein Schmierzettel auf dem Schreibtisch (oder die gute alte Schreibtischunterlage), auf dem wir diese tollen und doch störenden

Geistesblitze notieren und dann später in einer Daddel-
stunde abarbeiten können.

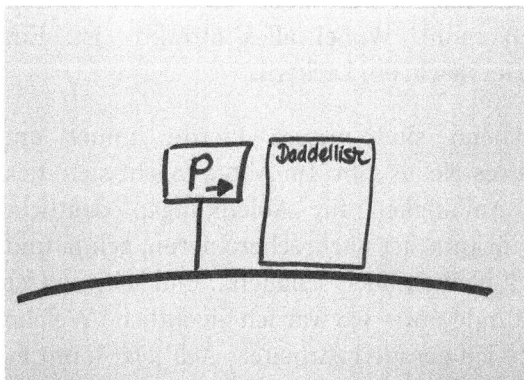

So werden sie beachtet und geparkt. Und wir können
uns in einer unproduktiven Phase, zum Beispiel nach
dem Mittagessen, ein wenig auf die Spielwiese zum
Daddeln begeben.

Klappe 4: Intervall-Training

Zusammen mit den ersten Klappen sind Sie nun bereit, sich der wichtigsten Aufgabe zu widmen.

Die Fähigkeit zur vollsten Konzentration auf eine Aufgabe oder auf einen Text scheint uns durch die elektronischen Medien abhanden zu kommen[18]. Wir müssen diese Fähigkeit wieder bewusst trainieren.

Eine einfache Möglichkeit ist die Timer-Funktion im Handy. Nun, das erscheint ein wenig absurd, da die vorherigen Impulse eher anti-Handy waren, aber es gibt ja auch nützliche Funktionen. Die Timerfunktion ist äußerst praktisch, um konzentriert 30 oder 45 Minuten am Stück an einer Aufgabe zu arbeiten. Dann klingelt es, wir können uns eine Pause gönnen und dann den Timer wieder anstellen. Am Anfang ist es ungewohnt. Und erstaunlich, wie intensiv 30 Minuten am Stück sein können.

Diese Art des Intervall-Trainings ist produktiv. Denn wir haben einen guten Wechsel zwischen Konzentration / Anspannung sowie Entspannung. So kann unser Gehirn bzw. so können sich unsere Pferde zwischendurch ein wenig ausruhen, um dann wieder loszulegen. Nichts anderes sagt die Trainingslehre im Sport: Wenn wir sehr intensive Intervalle haben, kön-

---

[18] Bezüglich des Lernens ergab eine Studie, dass Schüler nicht mehr fähig sind, sich länger als zwei Minuten zu konzentrieren. Das Internet verändert anscheinend unsere Lesegewohnheiten hin zu einem »F-Muster«: Wir lesen die ersten Zeilen komplett, dann in der Mitte noch mal einen Absatz und den Rest scannen wir abwärts. Quelle: Psychologie Heute 03/2015, S. 64f. »Die Macht des Gedruckten.«

nen wir das nur mit Pausen gut durchhalten, in denen wir uns regenerieren können.

Klappe 5: Was ist Jetzt?

Es ist völlig normal, dass unsere Gedanken abschweifen. Wir denken circa 60.000 Gedanken am Tag. Diese alle zu zügeln ist unmöglich. Mit dem Prinzip der Achtsamkeit können wir uns trainieren, die Zerstreuung gering zu halten und uns immer wieder neu zu konzentrieren.

Achtsamkeit meint »wahrnehmen, was ist, ohne zu urteilen«. In Bezug auf Konzentration und Ablenkung meint das: Wir nehmen bei einer inneren Ablenkung wahr, dass Gedanken an den Einkauf oder was auch immer da sind. Mehr nicht. Dann fokussieren und zügeln wir uns wieder und sagen uns innerlich: »Und jetzt komme ich wieder zu meiner Aufgabe zurück«.

Wenn wir uns immer wieder fragen, innerlich,

»Was ist jetzt?«

schärft das unsere Fokussierung auf den Moment, wir halten die Zügel dadurch straff.

Klappe 6: Fokussierung auf sich selbst

Neben den konkreten Tipps zur Fokussierung im Alltag können wir über eine »Meta-Fokussierung« sprechen, also eine übergeordnete Fokussierung.

Über eine große Ablenkung und einen großen Aufmerksamkeits- und Energiefresser haben wir noch nicht gesprochen: Die ganzen anderen Kutschensysteme neben uns – Mitmenschen und Mitbewerber.

Wir sind schnell dabei, uns mit anderen zu vergleichen: erfolgreicher, schöner, dünner, lockerer, gelassener, konsequenter oder um auf das Beispiel des Marathon-Laufes zurück zu kommen: schneller am Ziel, obwohl sie untrainierter aussehen...

Was wir nicht vergessen dürfen: Jedes Kutschensystem ist individuell mit seinen körperlichen und psychischen Voraussetzungen sowie mit seinen Wegbedingungen. Wir sind nicht zu vergleichen, jeder von uns ist einzigartig!

Wer weiß, wie viel Zeit die Mitläufer ins Training gesteckt haben, und welchen Job sie ausüben oder welche Quältoleranz sie haben. Keine Ahnung!

Daher: Lassen wir das Vergleichen und konzentrieren uns auf unseren Weg, unsere Ziele und erfreuen uns daran, was wir erreichen mit unserem individuellen System. Wir haben unseren Weg zu gehen. Nicht mehr und nicht weniger.

Haben Sie keine Scheu vor Klappen: Schützen Sie sich vor Ablenkungen. Probieren Sie aus, was gut für Sie funktioniert:

- E-Mails aus und selbstbestimmt bearbeiten.
- Daddelliste anlegen und später am Tag gesammelt abarbeiten.
- Fragen Sie sich immer wieder »Was ist jetzt?« und konzentrieren Sie sich neu.
- Verwenden Sie so wenig Energie wie notwendig auf das Vergleichen mit anderen.

Herr Meister ist begeistert.

Mit einem konkreten Ziel vor Augen fällt ihm das Scheuklappen-Anlegen leichter. Er hat diese E-Mail-Ablenkungen wirklich unterschätzt! Am Anfang ist er wirklich überrascht, wie viel mehr Zeit und Ruhe auf einmal da ist. Und ja, es gab am Anfang ein paar Irritationen im Team und auch auf Kundenseite, warum er denn nicht mehr ad hoc antwortet.

Herr Meister hat es thematisiert, die Studie erwähnt und dass es ja der Arbeitsqualität zu Gute kommt, wenn er konzentrierter ist. Das haben alle nachvollziehen können und nun stellen mehr Kollegen die E-Mail-Benachrichtigungen ab.

Ein paar Tage hat Herr Meister nun nicht mehr im Buch gelesen, sondern sich ausprobiert. Jetzt ist es an der Zeit, dass er sich wieder bereit für neuen Input fühlt.

Faktor Psyche: Unsere Pferde stärken
Unsere Pferde sind durch die Scheuklappen beruhigter. Unser Kutscher kann die Kutsche leichter steuern.

Nun kommt es auf die Verfassung unserer Psyche an: Haben wir starke Pferde, wissen wir, was unsere Pferde brauchen, wissen wir, was uns psychisch gut tut? Wir leben und arbeiten so, wie wir uns fühlen: Sind wir in einer guten Stimmung, trauen wir uns die nächste Wegstrecke zu, gehen wir unseren Weg leichter.

Sind wir betrübt und pessimistisch, zockeln die Pferde mit gesenktem Kopf vor uns her. Das hat direkte Auswirkung auf unser gesamtes Kutschensystem. Die Pferde können von unserem inneren Kutscher geführt werden, so dass sie sich erhobenen Hauptes dem Weg stellen und freudig entgegenschauen.

Dennoch wird es auf unserem Weg immer wieder Hindernisse geben, die es zu überwinden gilt. Unsere Probleme entstehen nicht dadurch, dass wir auf Hindernisse stoßen. Vielmehr stellen wir uns selbst ein Bein, wenn unsere »Pferde« dann mit uns durchgehen und über die Stränge schlagen, aus ihrem Führungswerkzeug austreten.

Wie wir Hindernisse und Herausforderungen auf unserem Weg begegnen und bewerten, beeinflusst maßgeblich unsere Zufriedenheit und wie wir unsere Ziele erreichen.

Wir können uns dies bildlich vorstellen: Ein Kutscher hat seine Kutsche und seine Pferde mit seinen Zügeln nicht im Griff, lässt die Zügel zum Beispiel im falschen Moment locker. Die Pferde drehen schneller durch, schlagen über ihre Stränge und vergeuden Energie auf dem Weg.

Wohingegen ein anderer Kutscher, der seine Zügel und seine Pferde gut im Griff hat, die Pferde auf Hindernisse auf dem Weg vorbereitet. Und sie auch beruhigt, wenn es einmal eng wird.

Unsere Gedanken und Emotionen sind miteinander verknüpft. Sie gehen im Modell nebeneinander. Fühlen wir uns gut, denken wir positiv und konstruktiv. Bei guter Stimmung können wir nicht schlecht denken.

Und umgekehrt: Denken wir pessimistisch, fühlen wir uns niedergeschlagen. Die beiden Pferde sind im Gleichklang. Es gilt, Gedanken und Gefühle im Alltag im Zaum zu halten, zu zügeln, zu beruhigen oder anzuheizen – je nach Wegeslage und auch je nachdem in welcher Verfassung die Kutsche, unser Körper, ist.

Manchmal möchten die Pferde etwas anderes als unsere Kutsche. Sie möchten diesen Vorgang jetzt unbedingt noch zu Ende machen, obwohl es schon spät ist. Oder die Pferde meinen, dass die Kutsche jetzt noch unbedingt Sport machen muss, obwohl der Körper nach Ruhe schreit. Hier ist der Kutscher in seiner Steuerungsfunktion gefordert. Werkzeuge für die Zügel gibt es in diesem Kapitel.

Wir haben die Zügel für das, was zwischen den Ohren passiert (und im Herzen), in der Hand. Wir können unsere Gefühle und Gedanken steuern.

Keine Macht den Entführern am Wegesrand

Im Laufe der Ausarbeitung und Darstellung des Kutschenmodells ist mir deutlich geworden, wie schnell wir verführt werden, die Zügel loszulassen: »Das Gespräch eben war unfair, ich fühle mich jetzt total angegriffen.« oder »Der Kunde ist abgesprungen, ich bin gerade echt am Boden.« oder »Die Gesellschaft ist schon hart und überhaupt, das ist doch alles ein gesellschaftliches Problem!«. Oh ja.

Natürlich. Es gibt Gespräche und Situationen, die an die Nieren gehen. Und ja, wir dürfen uns dann schlecht fühlen. Ich bin sicherlich keine Anhängerin des bedingungslosen positiven Denkens und Fühlens.

Doch wollen wir einem anderen Menschen Macht über unser Gefühlsleben geben? Für unser Innenleben sind allein nur wir zuständig. Es sei denn wir geben freiwillig unsere Pferde und die Zügel dazu ab. Und machen uns zügellos zum Spielball der anderen.

Wir sollten niemand anderem die »Schuld« geben, dass wir uns schlecht fühlen. Weder dem Partner, noch den Kindern oder dem Chef. Damit machen wir uns abhängig von unserem Umfeld.

Was wir tun können: Komplette Verantwortung für unsere Pferde übernehmen. Und den Lassos am Wegesrand abwinken. Bewusst entscheiden, was wir denken und fühlen. Im Buch und Film »Eat. Pray. Love.« drückt es eine Szene sehr anschaulich aus: »Liz, Du entscheidest ja auch, was Du isst, also kannst Du Dich auch bewusst entscheiden, was Du den ganzen Tag denkst.«[19]

Gefühle und Gedanken sind steuerbar, deshalb haben unsere Pferde im Kutschensystem ein Geschirr und

---

[19] Elizabeth Gilbert »Eat. Pray. Love.«

sind durch eine Deichsel mit der Kutsche verbunden. Das Gute an diesem Zusammenspiel: Wir können sie beeinflussen.

Denken Sie jetzt an Ihren Lieblingssong, oder drehen Sie ihn direkt auf. Oder erinnern Sie sich an ein schönes, bereicherndes Gespräch: Wie fühlen Sie sich jetzt?

Strandkorb-Impuls

Was brauchen Ihre Pferde, was tut Ihnen gut, um in eine gute Stimmung zu kommen? Machen Sie eine Liste mit Ihren persönlichen Stimmungsliedern, Erinnerungsmomenten, Bildern, die Sie im Alltag nutzen können. Nutzen Sie emotionale Bilder als Hintergrund im Handy oder auf dem Computer.

Pferde-Frühstücks-Fernsehen

Sie können sich mit Ihren Pferden schon morgens ins Kino begeben. Zum Beispiel wenn Sie noch im Bett liegen oder auf dem Weg zur Arbeit sind.

Stimmen Sie Ihre Pferde auf den Tag ein: Was liegt vor uns, welche Herausforderungen warten auf uns, wie meistern wir diese? Und: Auf was freuen wir uns?

Gerade die letzte Frage ist ungewöhnlich. In Workshops ernte ich oft als Antwort »Ja, ich freue mich auf den Feierabend...«. Das ist auch in Ordnung (Wobei ich sicher bin, dass es auch bei Ihnen am Arbeitsplatz Dinge gibt, die gut sind).

Hauptsache wir fixieren etwas Schönes. Damit füttern wir unsere Pferde und wenn es dann tagsüber hektischer wird, können wir uns an diesem Highlight festhalten.

Schöner ist es, wenn wir uns während der Arbeitszeit an etwas erfreuen können. Das darf banal und selbstverständlich sein: Der Schnack mit den Kollegen, der Kaffee, die gemeinsame Mittagspause, das Abarbeiten von Routinevorgängen... Hier geht es um die bewusste Lenkung Ihrer Wahrnehmung - Ihrer Pferde - auf die »Gänseblümchen«, die kleinen Schönheiten am Wegesrand.

Wir sind evolutionsbedingt so programmiert, dass wir eher auf die schlechten Ereignisse schauen und uns die positiven Ereignisse, die uns im Tag begegnen nicht auffallen. Eckart von Hirschhausen hat dies einmal sehr anschaulich begründet: »Naja, hätte der Höhlenmensch damals pfeifend vor seiner Höhle nach Gänseblümchen auf der Wiese Ausschau gehalten, hätte er nicht den Tiger bemerkt, der ihn angreifen wollte und er wäre gefressen worden.«

Heute gibt es keine wirklichen Lebensbedrohungen im Alltag mehr. Doch wir sind wie der Höhlenmensch noch so programmiert, dass wir eher den Tiger bemerken als die Gänseblümchen. Das Gute ist, dass wir uns entscheiden können, kein Höhlenmensch mehr sondern ein moderner Mensch zu sein.

Umso wichtiger erscheint es, dieses Muster auszugleichen und unsere Zügel in die Hand zu nehmen. Wenn wir unsere Pferde erst einmal trainiert haben, auf

Gänseblümchen zu schauen, fallen uns auch immer mehr Dinge auf, die gut sind.

Strandkorb-Impuls

Wo sind Ihre Gänseblümchen im Tagesverlauf?

Sammeln Sie Gänseblümchen und notieren Sie diese eine Woche lang auf einer Liste.

Kröte zum Frühstück

Brian Tracy, ein Selbstmanagement-Experte aus den USA sagt: »Eat that frog first« - als allererstes morgens die Kröte schlucken. Das macht den Kopf frei für den Rest des Tages und wir haben das Gefühl, das Wichtigste erledigt zu haben.

Der neue Frühstücks-Trend!

Wir können zügellos in den Tag starten: Radio an, mindestens einmal schlechte Nachrichten schon am Morgen, PC an, E-Mails hochfahren und schauen was aufgelaufen ist (wenn Sie das nicht schon während des Frühstücks mit Ihrem smartPhone gemacht haben), Kaffee holen, Meetings und schon ist es Mittagspause.

E-Mails stapeln sich weiter, eine wichtiger als die andere und kurz vor Feierabend, wenn es ruhiger wird, fangen Sie an zu arbeiten. Denn bisher hatten Sie das Gefühl des Gehetztseins.

Zufriedener macht die selbstbestimmte Version des Tagesbeginns:

- Lassen Sie das Autoradio oder andere Medien morgens komplett aus und konzentrieren Sie sich auf sich und wie Ihr Tag wird.
- Oder: Hören Sie selbstbestimmt Ihre Lieblingsmusik oder ein Hörspiel.
- Am Arbeitsplatz angekommen: Lassen Sie den Autopiloten und das E-Mail-Programm aus und überlegen: Was sind meine drei wichtigsten Prioritäten heute? Welches ist die dickste Kröte (unangenehmste Aufgabe), die geschluckt werden möchte? Und dann essen Sie diese als erstes.

Kino oder real?

Im Kapitel über Selbstreflexion haben wir das Konzept der Achtsamkeit kennen gelernt. Achtsamkeit meint »wahrnehmen was ist, ohne zu urteilen«. Achtsamkeit meint in der Umgangssprache, den Autopiloten auszuschalten. Sein Verhalten beobachten, im »Hier & Jetzt« sein, anstatt noch in der Vergangenheit oder schon in der Zukunft mit den Gedanken und Gefühlen zu sein.

Achtsamkeit hört nicht mit dem Ausschalten des Autopiloten im Verhalten auf. Richtig interessant wird es, wenn wir unsere Achtsamkeit auf unsere »Pferde«, auf unsere Gedanken und Emotionen lenken. Wie ticken unsere Pferde? Wie schnell gehen diese mit uns durch und wann geben wir gern die Zügel aus der Hand oder reiten auf unseren Gedanken herum? In der Reitersprache sagt man, der Reiter »sitzt im Pferd« und nicht auf dem Pferd. Betrachten wir unsere Pferde symbolisch als Gedanken, sitzen wir öfter in ihnen, sind mittendrin in unseren Gedanken als das wir Distanz zu ihnen haben:

Herr Meister denkt an seinen ersten Job im Vertrieb. Und dass er eine Aversion gegen Vertriebstelefonate hatte. Rein objektiv gesehen handelte es sich doch nur um einen Anruf und das Führen eines Gespräches.

Doch seine Gedanken und Gefühle haben ein riesen Drama daraus gemacht: Was ist, wenn ich den anderen jetzt störe und er sich belästigt fühlt? Was mache ich, wenn mein Ansprechpartner schlechte Laune hat? Usw. .. Hilfe! Und überhaupt, die letzten Telefonate waren eh alle schlecht und nächste Woche sind Osterferien, da ist sowieso keiner da...

Vor lauter Kopfkino hat er es selten gewagt, den Hörer in die Hand zu nehmen. Anstatt ganz objektiv das Telefonat zu sehen, hat er einen Horrorfilm für die Zukunft entwickelt und sich in schlechten Episoden der Vergangenheit aufgehalten. Fernab jeglicher Realität.

Kopfkino hält uns davon ab, aktiv zu werden. Und noch viel öfter sind wir dadurch gar nicht im Jetzt, sind nicht offen für das, was gerade wirklich passiert. Wir werden nervös, ängstlich, verspannen, können nicht abschalten, laufen mit schlechter Laune durch den Tag.

Stop! Wir haben die Zügel in der Hand, wir können innehalten und uns fragen: Was ist gerade Kopfkino und was ist Realität? Oder wie auch Ellen Langer meint

> »Was ist wirklich eine Tragödie und was ist einfach nur unangenehm?«[20]

Diese Frage hilft, sortiert und produktiv durch den Tag zu gehen. Wie oft packen wir Dinge nicht an, weil wir meinen es sei eine Tragödie, kämpfen mit unseren Widerständen und unserem Kopfkino? In unserem Kutschensystem sollten wir nicht in unseren Pferden, sondern auf unseren Pferden sitzen. Dadurch können wir sie besser steuern.

Ruhig Brauner oder »mind the gap«

Auf unserem Lebensweg und im Tagesverlauf wird es nicht immer nur geradeaus gehen, sondern es wird Hindernisse geben, Umwege, Höhen und Tiefen. All dies gehört dazu.

---

[20] Ellen Langer im Harvard Business Manager April 2014, S. 38

Wenn wir auf auf unseren Lebensweg sind, werden wir uns die Füße dreckig und vielleicht auch die Knie kaputt machen. Doch dann haben wir etwas erlebt!

Es wird kein Leben ohne Hindernisse geben. Das Leben ist wie das Wetter: Es scheint nicht immer die Sonne. Sich diese Erkenntnis bewusst zu machen, beruhigt unsere Pferde. Wir gehen dann nicht von einem »perfekten« Weg aus, sondern wir sind innerlich auf Störungen vorbereitet.

Zu diesen grundsätzlichen Tendenzen kommen kurzfristige Hindernisse: die sogenannten »daily hassels«, die kleinen Hindernisse des Alltags. Der ungeplante Stau, Hektik, ein krankes Kind aus der Kita abholen. Gerade diese kleinen Ärgernisse verursachen mehr Stress als die großen Lebensereignisse.

Umso wichtiger ist die Beruhigung unserer Pferde im Alltag. Unsere Pferde gehen oft automatisch mit uns durch. Stoßen wir auf ein Hindernis bzw. erreicht uns eine E-Mail, die schon »Böses« vermuten lässt, sind wir direkt nervös. Unsere Gedanken und Emotionen kochen hoch.

Doch ist es nicht die E-Mail, die uns hochkochen lässt. Oder das Meeting. Oder der große Papierstapel auf dem Schreibtisch. Eine E-Mail ist - achtsam wahrgenommen – ein elektronisches Dokument. Ein Stapel Papier ist ein Stapel Papier.

Stress und Aufregung entstehen durch unsere Gedanken und Gefühle zu einer E-Mail, einem Stapel Papier oder was es auch immer ist.

So wird der Stapel Papier durch unsere Gedanken wie zum Beispiel »Das schaff ich doch nie! Das hört aber auch nie auf! Warum immer ich? Hoffentlich rutscht mir da nichts durch« eine gefühlte Bedrohung.

Dabei kann der Stapel Papier gar nichts dafür! Er liegt nur da. Unsere gedankliche und emotionale Reaktion entscheidet, ob wir den Stapel Papier als ein Hindernis ansehen, was wir leicht nehmen können oder ob es bedrohlich erscheint.

Zufriedenheit, Gesundheit oder auch Stress entsteht zwischen unseren Ohren: Durch unsere gedankliche und emotionale Bewertung der Situation. Zum Glück ist zwischen unseren Ohren Platz. Diese Lücke können wir uns bewusst machen und uns entscheiden:

97

Reagiere ich im Autopiloten-Modus auf Ereignisse und Hindernisse auf meinem Weg? Oder bin ich mir der kleinen Lücke bewusst, dass ich mit meiner Bewertung von Situationen die Zügel in der Hand habe?

Unsere Bewertungs-Abläufe sind beeinflusst durch unsere Erfahrungen, durch unsere Werte, durch unsere Erziehung, unsere Stärken und Vorlieben. Deshalb sind Bewertungen unterschiedlich. Was für den Einen eine lohnenswerte Herausforderung bedeutet und anspornt, ist für den Anderen eine unangenehme Herausforderung und macht die Pferde wild.

Wie wir die Dinge sehen, hängt mit unserer Stimmung und unserem Zustand der Kutsche zusammen. Sind wir frisch, fröhlich und energiegeladen bewerten wir Herausforderungen anders als wenn wir schlecht geschlafen haben oder gerade angegrippt sind.

Daher: sorgen Sie gut für Ihre Kutsche, Ihre Pferde werden es Ihnen danken! Und: Sie haben die Zügel in der Hand, wie Sie Situationen bewerten.

Wenn Ihre Pferde das nächste Mal mit Ihnen durchgehen, schalten Sie den Autopilotenmodus aus und fragen Sie sich, ob die Situation wirklich lebensbedrohlich
ist. Machen Sie sich bewusst, dass Sie die Zügel und
Ihre Emotionen und Gedanken steuern können. Und
ärgern Sie sich nur so lange, wie es Ihnen Spaß macht.

Abschalten lernen fängt schon morgens an

In Workshops ist auf die Einstiegsfrage »Ich hätte mehr Energie, wenn....« eine häufige Antwort »wenn ich besser abschalten könnte«. Handy und Computer abschalten und vor allen Dingen das eigene Kopfkino.

Wie gehen wir damit um? Wie können wir die Zügel in der Hand behalten und unsere Pferde beruhigen, so dass wir unseren Feierabend genießen können? Wenn wir abschalten können, können wir wieder richtig anschalten.

Ein Motto zum Abschalten ist das Wechseln zwischen unseren inneren Gängen und unseren Rollen. Im Arbeitsleben haben wir bzw. hat unser Kutscher den Rollenhut »Projektmanager« oder »Verkäufer« oder »Unternehmer« etc. auf. Wir fahren eng getaktet durch den Tag.

Kurz vor Feierabend schreiben wir die letzte E-Mail und dann nichts wie weg. Kaum zu Hause angekommen, geht es weiter mit Haushalt, Kindern oder anderen Aufgaben. Dass wir den Arbeitstag nicht verdaut haben, merken wir am Gedankenkarussell auf dem Sofa oder kurz vor dem Einschlafen: »Hab ich an dies gedacht, bin ich das noch einmal durchgegangen?« oder »Oh wei, da ist morgen doch kurzfristig noch der Termin reingekommen und dem Herrn Müller habe ich gar nicht Bescheid gesagt...«.

Abschalten nach Feierabend kann trainiert werden! Im Folgenden gibt es ein paar etablierte Rituale.

Ein Übel des Abschaltens beginnt mit einem Zuviel, was wir in den Tag hineinpacken wollen. Wir nehmen uns morgens zu viel vor. In einer Metapher ausgedrückt möchten wir den kompletten Inhalt einer 1-Liter-Flasche in ein Weizenbierglas füllen. Das muss überlaufen. Und alles was überläuft, hält uns abends vom Abschalten ab.

Besser ein halb volles Glas als eines was überläuft...

Wir unterschätzen die Zeit, die wir für ungeplante Aktivitäten benötigen. Dazu gehören Störungen (siehe hierzu auch Kapitel »Keine Scheu vor Klappen«), ad-hoc Prioritäten (zum Beispiel Kundenanfragen) oder Bahnstreiks. Und schon sind die Idealziele für den Tag dahin.

Was muss unbedingt heute erledigt werden, was sind wirkliche »Muss-Aufgaben«, was sind meine eisernen Ziele für den Tag? Schreiben Sie sich diese als erstes auf, bevor Sie Ihren Computer hochfahren. Oder noch besser: Als letztes Ritual bevor Sie Feierabend machen. So haben Sie es aus Ihrem Kopf. Und dann starten Sie direkt mit diesen Aufgaben. Bleiben Sie realistisch: Was kann ich wirklich heute bzw. morgen erledigen?

Vielen Menschen hilft es, sich die Aufgaben für eine Woche zurecht zu legen. Das erweitert den Horizont über den Tag hinaus. Innerhalb einer Woche sind wir flexibler als innerhalb eines Tages.

<u>Strandkorb-Impulse</u>

Wie voll ist Ihr Tag? Wie viele Termine habe ich? Tendieren Sie dazu, den Tag zu voll zu packen?

Bleiben Sie realistisch und nehmen Sie ein paar Aufgaben oder auch Termine aus Ihrem Glas heraus.

Persönliche Tagesschau

Als Ritual zur Verdauung des Tages eignet sich die persönliche Tagesschau: Eine Art Fahrtenbuch in Form von »Tagesprotokollen«. Diese Tagesprotokolle unterstützen uns bei der Beruhigung unserer Pferde. Wir reflektieren den Tag. Und durch das Verschriftlichen wirkt es stärker, als wenn wir nur über unseren Tag nachdenken.

Eine Vorlage für das Tagesprotokoll finden Sie als Arbeitsblatt 03 auf meiner Website (Zugang am Ende des Buches).

Die Tagesprotokolle sind ein Selbstcoaching-Instrument, bei dem Sie sich einmal am Tag in den Strandkorb setzen und bewusst reflektieren: Wo schien heute die Sonne? Wo waren Wolken? Was habe ich für mich und meine Kutsche gemacht? Was nehme ich mir für morgen vor? Was möchte ich besser machen? So können Sie Ihren Tag abschließen, sich bereits auf morgen vorbereiten und die Gedanken beruhigen.

Der zweite Effekt: Wir lenken unsere Wahrnehmung gezielt auch auf die Ereignisse, die schön waren, auf die Gänseblümchen am Wegesrand.

Die Empfehlung: Füllen Sie diese Tagesprotokolle mindestens eine Woche lang aus, jeden Tag. Besser wäre es, wenn Sie sie 21 Tage ausfüllen. Dann haben Sie erstens einen längeren Beobachtungszeitraum und zweitens haben Sie parallel eine persönliche Standortbestimmung durchgeführt. Und Sie merken im Nachgang, dass vieles der Aufreger keine Aufregung wert war.

Wenn Ihnen die Tagesprotokolle im ersten Moment oder zur Zeit nicht passend erscheinen, ist die Minimalversion wie folgt: Fragen Sie sich am Ende eines Tages: Was war heute schön, was war heute mein Highlight? Was ist mir gut gelungen?

Schreiben Sie Ihre Highlights in Ihren Timer, Planer oder in ein persönliches Notizbuch.

Der Effekt durch die Miniversion oder die Tagesprotokolle ist, dass wir den Autopiloten ausschalten. Wir achten auf das, was uns nervt und was wir ändern können und vor allen Dingen machen wir uns bewusst, was uns gut tut.

Strandkorb-Impulse

Laden Sie sich das Tagesprotokoll unter Downloads auf www.ankevonplaten.de herunter. Füllen Sie es am Ende eines Arbeitstages aus, machen Sie dies 7 Tage lang, im Idealfall füllen Sie die Tagesprotokolle 21 Tage lang aus.

Lesen Sie sich dann Ihre alten Tagesprotokolle wieder durch – was denken Sie? Wie hat sich Ihre Wahrnehmung auf die Aufreger und Highlights geändert?

Fell über die Ohren ziehen

Um die Pferde zu beruhigen, können wir auch physisch etwas tun. Wir können uns ein starkes Signal geben, dass nun Feierabend ist. Dass wir einen anderen Hut aufhaben: Nämlich den Rollenhut »Privatperson«. Egal in welcher Branche Sie arbeiten, egal ob Sie im Home-Office, im Außendienst oder klassisch in einem Büro arbeiten – seien Sie zügellos, wenn Sie nach Hause kommen. Ziehen Sie sich um.

Hängen Sie Ihre Arbeitskleidung an den Haken. Auch wenn Sie in Jeans arbeiten: Ziehen Sie sich um, andere Kleidung, Jogginghose, was Bequemes. Nehmen Sie sich diese Zeit zuallererst, wenn Sie nach Hause kommen.

Wenn Sie einen hektischen Tag hatten oder sich müde fühlen: Seien Sie noch zügelloser und gehen Sie duschen, waschen Sie den Tag ab und spülen Sie ihn im wahrsten Sinne in den Abfluss. Eine Dusche schafft noch mehr Abstand zum Job und vitalisiert für den Feierabend.

Wie war Dein Tag Schatz?

Zur Tagesverdauung gehört bei vielen Menschen das Gespräch beim Abendbrot dazu. Der Tag wird Revue passiert. Das ist in Ordnung, wenn es im Rahmen bleibt. Meiner Meinung nach ist es weder förderlich, diese Gespräche zu unterdrücken (»die Familie möchte ich damit nicht belästigen«) als auch bis ins letzte Detail alles durchzukauen.

Zumal wir eher eine Tendenz haben, das schlechte durchzukauen, das sehnige Stück Fleisch zu betonen anstatt die gute Soße, die alles umgibt. Wenn wir uns auf die negativen Dinge konzentrieren, erleben wir den ganzen Film noch einmal.

Daher die Empfehlung: Fragen Sie Ihren Schatz auch nach dem, was heute gut war, was Spaß gemacht hat. Und: Geben Sie Gesprächen einen Rahmen, zum Beispiel »bis 20:00 Uhr sprechen wir noch geschäftlich« und dann ist aber auch wirklich was anderes dran.

Perspektive mit dem Fernrohr

Manchmal drehen unsere Pferde so richtig durch, weil wir uns über ein Ereignis sehr aufregen. Rein bildlich ist schon klar, dass uns das sehr viel Energie kostet. Energie, die wir besser zielgerichtet nutzen könnten. Doch wie können wir unsere Pferde beruhigen?

Neben der schon erwähnten Technik »Kopfkino oder real?« können wir unsere Pferde für einen kurzen Moment in die Zukunft schicken. Die einfache Frage

»Was denke ich in 6 Monaten darüber?«

hilft uns ruhig zu bleiben und die Energie sinnvoll auf unseren Weg zu lenken. Denn die meisten Dinge sind nicht soo spektakulär, als dass wir uns länger als ein paar Minuten darüber ärgern oder aufregen sollten.

Abschalten. Nicht stand-by.

Ein Mittel um abzuschalten heißt abschalten. Den Computer wirklich abschalten und nicht auf stand-by lassen. Das Handy am Sonntag ausschalten. Die E-Mails für den Feierabend, am Wochenende und im Urlaub ausschalten und nicht sehen, dass schon wieder 13 neue E-Mails eingegangen sind.

Das alles hat eine große Wirkung ohne viel Aufwand. Wir sind leicht verführbar, immer auf stand by zu sein, um doch noch mal zu schauen, welche E-Mails gerade eingetrudelt sind und was wir beantworten können. Meist entsteht dadurch E-Mail-Aktionismus und

Verwirrung anstatt einem produktiven Tun oder einer produktiven Auszeit.

Wir können entscheiden, ob und inwieweit wir abschalten möchten. Und wenn wir dann wieder anschalten, werden wir feststellen, dass wir gar nichts verpasst haben. Und, dass wir viel besser abschalten konnten.

Herr Meister ist überrascht. Abschalten bzw. es nicht zu können, ist sein Thema. Er fühlt sich bei den letzten Impulsen ertappt. Kaum war er zuhause, hat er sich noch im Anzug an den Abendbrottisch gesetzt. Und für die eine Stunde Fernsehen hat er sich auch nicht mehr umgezogen.

Jetzt hat er ein paar Dinge ausprobiert: Er nutzt die letzten Minuten im Büro für seine Tagesschau, macht einen kurzen Plan für den nächsten Tag, lässt im Auto das Radio mal aus und konzentriert sich auf sich und das, was gut gelaufen ist. Und dann zieht er als erstes was Bequemes an, wenn er zu Hause angekommen ist. Und er merkt: Er ist viel mehr bei sich und kann sich dadurch mehr auf seine Familie einstellen. So kann es weitergehen!

Pferde füttern

Unsere Pferde werden ständig gereizt. Deshalb haben wir bereits gelernt, ihnen Scheuklappen aufzusetzen und Ablenkungen gering zu halten. Unsere Pferde brauchen auch Nahrung. Stärkende Nahrung. Dazu gehören gute, nährende Gespräche mit Menschen, die uns gut tun. Dazu gehört Musik, die uns gute Gefühle verschafft oder die uns an schöne Erlebnisse erinnert. Dazu gehören Bücher, Magazine, Fernsehsendungen die uns stärken und motivieren.

Beobachten Sie, wie Sie sich nach Gesprächen mit unterschiedlichen Menschen fühlen. Bei wem fühlen Sie sich nach einem Gespräch gestärkt? Und was geben Sie in Gespräche hinein? Sicherlich ist es am Ende der Woche einfacher, sich gemeinsam ins Jammertal zu bewegen und zu klagen, wie schlecht und anstrengend die Woche war. Macht das froh? Doch nur begrenzt... Irgendwann reicht es auch...

Bei manchen Menschen fühlen wir uns wie eine Akku-auflade-Station: Der andere lädt sich an mir auf und ich selbst fühle mich nach dem Gespräch leer. Sicherlich möchten wir zuhören und helfen, wenn es einem Freund schlecht geht. Doch gibt es Menschen, die einen ständig als Akkulader nutzen. Dies können wir ansprechen, Feedback geben und wenn nichts hilft, können wir sagen »Das tut mir nicht gut, ich nutze meine Zeit anders.« Sicherlich radikal, doch jeder von uns kann selbst entscheiden, welches Futter wir uns in den Trog tun.

Und schließlich brauchen unsere Pferde Stille und Ruhe, damit sie nicht überdrehen. Die Scheuklappen wiederholen sich. Scheuklappen im Sinne von Radio aus, Autoradio aus, Fernseher aus sind nicht nur wichtig für unsere Konzentration, sondern ebenfalls zum Auftanken. Stille zulassen. Unseren Gedanken und Emotionen Zeit zum Sortieren und Spazieren gehen geben.

Musik, Stille, Menschen die uns gut tun...

Unsere Pferde ziehen uns. Wenn es den Pferden gut geht, wenn wir emotional stark und froh gelaunt sind, wird unser Weg leichter. So wie wir uns fühlen, so denken wir, so leben wir, so arbeiten wir, so kommunizieren wir.

Überlegen Sie, was Ihre Pferde, Ihre Gedanken und Emotionen benötigen, damit Sie sich gut fühlen und damit Sie auftanken können: Welche Menschen tun mir gut? Welche Gespräche helfen mir? Was brauche ich, damit ich mich mental-emotional gut fühle?

Gibt es ein schönes Bild, was Sie sich als Bildschirmschoner / Hintergrundbild im Computer oder im Handy hochladen können, damit Sie sich regelmäßig an die schönen Momente erinnern?

Notieren Sie in einem extra Heftchen oder in einer Datei regelmäßig Ihre Highlights und schauen Sie sich diese Highlights immer wieder an.

Unsere Zugpferde

Was steuert uns in unserem Leben, in unserem Alltag? Wonach entscheiden wir und warum motivieren uns manche Aufgaben und andere nicht? Warum werden wir bei einigen Themen emotional und gestresst?

All dies hat mit unseren inneren Werten zu tun. Innere Werte sind unsere Zugpferde. Sie sind besonders stark. Sie sind ausdauernder als unsere Emotionen und Gedanken. Jeder Mensch hat seine individuellen Zugpferde. Und diesen Zugpferden schmecken unterschiedliche Möhren. Wenn wir unsere Zugpferde kennen, können wir unsere Kutsche auf dem Weg führen, der zu uns passt.

Dabei gibt es kein richtig oder falsch. Über Werte können wir nicht urteilen, sondern wir können sie als Grundlage für Diskussionen nehmen.

Doch was sind Werte? Werte sind Handlungsziele, Sinndeutungen und Lebensinhalte, die ein Individuum oder eine Gruppe für erstrebenswert hält.

Werte steuern uns. Werte sind für uns wie Leuchttürme, an denen wir uns orientieren. Ist für eine Person »Pünktlichkeit« ein hoher Wert, wird diese Person unruhig auf Verspätungen reagieren.

Leben wir nach unseren Werten, verspüren wir Energie und Motivation – unser Kutschensystem fährt leicht.

Wie können wir unsere Werte erkennen? Dazu gibt es verschiedene Optionen: Beobachten Sie, in welchen

Situationen Sie sehr emotional reagieren - dies kann ein Indiz dafür sein, dass ein Wert von Ihnen verletzt wurde.

Die Transaktionsanalyse, die Theorie der Beziehungs-gestaltung zu sich selbst und zu anderen Menschen, geht unter Anderem von drei Grundbedürfnissen von allen Menschen aus. Im Jargon der Transaktions-analyse heißt dies das »3-S-Modell«[21]:

1. Bedürfnis nach »Strokes«
    - nach Anerkennung und Streicheleinheiten
2. Bedürfnis nach »Stimuli«
    - nach Stimulanz und Abwechslung
3. Bedürfnis nach »Structure«
    - nach Struktur und Stabilität

Sind alle drei Bedürfnisse individuell befriedigt, wird das Leben als sinnvoll erlebt.

Die drei Grundbedürfnisse ziehen uns durch unser Leben. Doch können wir die Beobachtung machen, dass die drei Bedürfnisse individuell unterschiedlich sind. Wir können annehmen, dass hinter den Bedürf-nissen unterschiedliche Werte stehen – zumindest ist dies meine These. Hier kommt eine eigene Darstellung von verschiedenen Werten im Zusammenhang mit unseren Grundbedürfnissen:

---

[21] Die Modelle aus der Transaktionsanalyse werden hier im Buch aus-schnittsweise dargestellt in Anlehnung an Hagehülsmann (2007) und Korpiun (2014).

Anerkennung	Stimulanz	Struktur
Erfolg	Abenteuer	Ausdauer
Geld	Abwechslung	Familie
Macht	Begeisterung	Verlässlichkeit
Durchsetzung	Freiheit	Genuss
Ehrgeiz	Selbstbestimmung	Gesundheit
Wertschätzung	Offenheit	Kraft
Intelligenz	Neugier	Kontrolle
Luxus	Schnelligkeit	Ordnung
Liebe	Spaß	Tiefe
...	...	Verantwortung
		...

Diese Werteliste können Sie für sich ergänzen.

Überlegen Sie: Welches sind Ihre Top-5-Werte? Wenn Sie an Ihren Arbeits-/Lebensstil denken, an welchen Werten orientieren Sie sich? Ihre jetzige Arbeitsposition: Welche Ihrer Werte haben Sie veranlasst, diese auszusuchen? Welche Werte sind Ihnen in Beziehungen wichtig? Lassen Sie sich dabei Zeit. Markieren Sie Ihre Top-Werte und nehmen Sie diese mit in Ihren Alltag. Beobachten Sie, welche Werte Sie wiederfinden.

Wenn wir unsere Werte kennen, können wir unsere Kutsche besser steuern und unsere Pferde gezielt mit werthaltiger Nahrung füttern.

Wir erkennen und akzeptieren, dass Werte individuell sind. Stellen wir uns zwei unterschiedliche Menschen vor:

Für den einen ist das Bedürfnis nach Struktur mit Werten wie beispielsweise Ordnung, System, Gründlichkeit, Genauigkeit wichtig.

Bei einem Anderen ist das Bedürfnis nach Stimulanz das Zugpferd. Ihm schmecken die Werte Abwechslung, Kreativität, Bewegung, Intuition, Selbstbestimmung besonders gut.

Diese zwei Menschen werden sich vermutlich (hoffentlich!) unterschiedliche Jobs suchen, eine Weihnachtsfeier anders organisieren und sie werden durch unterschiedliche Rahmenbedingungen, Wegesbedingungen motiviert.

Ebenfalls stellen Sie sich bitte zwei Kutschensysteme vor. Eines mit dem Zugpferd »Gesundheit« und eines mit dem Zugpferd »Anerkennung«. Die Entscheidungen im Tagesverlauf, in der Kommunikation, in der Aufgabenerledigung werden anders sein! In Workshops kann ich beobachten, dass Teilnehmer mit einem starken Gesundheitswert leichter Grenzen ziehen, abschalten, mehr Sport machen etc. – für sie ist Gesundheit das höchste Gut und deshalb fällt es ihnen in der Umsetzung leicht!

Wohingegen Menschen mit einem hohen Wert an Anerkennung sich oftmals verausgaben. Sie geben viel und möchten dafür Anerkennung bekommen.

Die Lösung: Seien Sie sich bewusst, dass jeder individuell mit seinen Zugpferden unterwegs ist. Und das, was für jeden von uns selbstverständlich ist, muss noch lange nicht selbstverständlich für die anderen sein.

Damit unsere Zugpferde zufrieden sind, müssen wir sie füttern und auf den besten Weg für sie bringen – anstatt uns von anderen abhängig zu machen.

Strandkorb-Impulse

Bedürfnis nach Anerkennung, nach Stimulanz oder nach Struktur – welches ist bei Ihnen am stärksten ausgeprägt, was ist Ihr Zugpferd?

Machen Sie sich Ihre Werte anhand der Tabelle bewusst. Beobachten Sie sich im Alltag und überprüfen Sie Ihre Werte, wonach Sie handeln.

Im Downloadbereich finden Sie als Arbeitsblatt 04 eine weitere Vorlage.

Zuckerbrot und Peitsche

Als Kutscher haben wir das Umfeld, unseren Weg, unsere Kutsche und unsere Pferde im Blick. Für unser Kutschensystem haben wir Steuerungsmöglichkeiten: Zügel, Bremsen und eine Peitsche.

Im Sprachgebrauch kennen wir »Zuckerbrot und Peitsche« als Redewendung - als Wechselspiel zwischen Lob und Tadel. Im Pferdesport wird die Peitsche als Führungsinstrument und Erinnerung gesehen, damit die Pferde auf dem Weg bleiben.

Laufen wir mit inneren Peitschen durch den Tag und wollen unsere Pferde weiter antreiben? Damit wir ein Projekt noch schneller, noch perfekter machen?

Die inneren Peitschen werden »innere Antreiber« genannt und wir haben sie alle – mehr oder weniger. Sich diesen inneren Peitschen bewusst zu werden und dann im nächsten Schritt zu überprüfen ist das Ziel.

Typischerweise gibt es folgende Peitschenarten:

- »Sei perfekt!«
- »Sei stark!«
- »Streng Dich an!«
- »Beeil Dich!«
- »Mach es allen recht!«
- »Sei vorsichtig!«

Die Peitschen sind nicht einfach da, sondern sind im Laufe des (jungen) Lebensweges entstanden. Wir haben diese Botschaften von unseren Eltern oder anderen Autoritätspersonen wahrgenommen – das heißt nicht, dass sie auch so gesagt worden sind.

Peitschen sind nicht nur schlecht. Sie haben uns geholfen, uns selbst zu strukturieren und zu orientieren, uns selbst auf dem Weg zu halten. Durch sie erreichen wir unsere Ziele. Wie immer macht die Dosis das Gift.

Wir merken unsere inneren Peitschen in »kritischen« Situationen: Wenn wir warten müssen oder wenn wir möchten, dass die Feier perfekt wird und auch allen gefällt. Im Arbeitskontext sind ebenfalls alle Peitschen zu finden:

Anstatt nach acht Stunden nach Hause zu gehen, machen wir den Vorgang zu Ende, obwohl wir merken, dass unsere Konzentration nicht mehr gut ist – und wir am nächsten Tag vermutlich frischer dafür wären. Doch wir möchten nichts liegen lassen und es allen recht machen.

Wir sitzen im Meeting und können uns in der Diskussion nicht entscheiden, wem wir nun mehr zustimmen, denn wir möchten es allen recht machen.

Wir verausgaben uns bei der Erstellung einer Präsentation und denken zigmal über Wörter und Bilder nach, denn wir möchten es perfekt machen.

Emotionen wie Wut oder dass wir uns durch eine Äußerung verletzt fühlen, äußern wir schon gar nicht, weil wir stark sein wollen.

Ein intelligenter Kutscher weiß, dass es unrealistisch ist, es IMMER perfekt machen zu wollen. Er weiß, dass wir es NIE allen recht machen können. So werden diese Peitschen unproduktiv, wenn wir sie ständig anwenden und wenn wir nicht entscheiden können, wann es Zeit für lockere Zügel und weniger Peitschenhiebe ist.

Das Zuckerbrot ist die Erlaubnis, die wir uns selbst als Gegengift zur Peitsche geben können:

- »Sei perfekt!« - Ich darf Fehler machen.
- »Sei stark!« - Ich darf meine Gefühle zulassen.
- »Streng Dich an!« - Ich darf es mir leicht machen.
- »Beeil Dich!« - Ich darf mir meine Zeit nehmen.
- »Mach es allen recht!« - Ich darf zuerst kommen.
- »Sei vorsichtig!« - Ich darf mich wagen.

Nehmen Sie die Zügel in die Hand, die Peitsche und das Zuckerbrot – und dosieren Sie die drei Steuerungsarten.

Eine anschauliche Geschichte gab es in einer TV-Reportage[22] über einen Bio-Bauernhof. In einer Szene wurde der Kuh-Bauer gezeigt, wie er mit den Kühen umgeht. Im Interview stellte er das Prinzip des Hofes dar: Der Umgang von ihm muss sich dem Rhythmus der Kühe anpassen. Es geht nicht nach seinen Vorstellungen, zum Beispiel dass die Kühe nun schnell aus dem Stall auf die Wiese müssen. Es gehe nicht um das Antreiben mit einem Stock. »Allerhöchstens habe ich ein Stöckchen in der Hand, mit der ich nur ein leises Geräusch zur Orientierung für die Kühe mache. Ein Stock und eine laute Stimme funktioniert nicht. – Das hat viel mit Selbstdisziplin zu tun.«

Seinen Peitschen auf die Spur zu kommen ist nicht ganz so einfach, wie sich Scheuklappen anzulegen.

---

[22] NDR Sendung »Landleben XXL – Hof Klostersee«, Sendung vom 26.04.2015

Beobachten Sie sich im Alltag: Wann werden Sie unge-
duldig und innerlich nervös, was sind Ihre (hohen)
Ansprüche an sich selbst und auch andere? Welche
Peitschen haben Sie im Einsatz?

Geben Sie sich innerlich jeden Tag eine andere Erlaubnis, quasi als Tagesmotto. Welches Zuckerbrot
entschärft Sie innerlich?

Herr Meister denkt nach... »Da muss ich 42 werden um mir über meine Werte klar zu werden... das ist erschreckend. Doch jetzt bin ich klarer, welche Zugpferde ich habe. Nun ist mir deutlich geworden, warum ich ständig in die gleichen Fallen getappt bin. Ich habe mich wirklich gefragt, ob mein Wert Anerkennung zu ausgeprägt ist? Nun ja, zumindest habe ich mich selbst entlarvt. Vielleicht will ich deshalb auch immer alles perfekt machen. Mir innerlich Erlaubnis zu geben, auch Fehler zu machen, ist ungewohnt und wohltuend. Ich renne nun nicht mehr durch den Tag, meinen Autopiloten lasse ich öfter einmal aus.«

Nun haben wir uns viel mit »emotionalen und mentalen« Themen beschäftigt. Jetzt ist es an der Zeit, dass wir über unseren Körper sprechen. Keine Sorge. Der erhobene Zeigefinger für mehr Sport, mehr Salat oder Obst bleibt unten. Freuen Sie sich auf eine neue Sichtweise.

Faktor Körper: Unsere Kutsche

Unsere Kutsche ist unser Transportmittel durch unser Leben. Unser Körper ist ein wahres Wunderwerk an »Technik« mit all seinen Organen, Knochen, Gelenken, dem ganzen Verdauungs- und Nervensystem und jeder einzelnen Zelle. Alle Systeme sind perfekt aufeinander abgestimmt und die gesamte Maschinerie ist perfekter als das teuerste Auto.

Und doch gehen wir mit unserem Körper häufig weniger sorgsam als mit unserem Auto um. Verrückt - denn unseren Körper haben wir geschenkt bekommen. Ein Auto kaufen wir uns teuer ein.

Wenn bei unserem Auto der Tank leer ist, fahren wir zur Tankstelle. Wenn bei uns der Akku leer ist, trinken wir noch mehr Kaffee.

Wenn ein Lämpchen im Auto blinkt, fahren wir zur Werkstatt. Wenn unser Körper uns signalisiert »Hallo, hier stimmt was nicht?!« gehen wir in die Apotheke und holen uns ein Mittel, damit wir das Lämpchen nicht mehr sehen. Ist das intelligent? Nein.

Immer mehr Menschen neigen dazu, sich bewusst zu verausgaben und ihre körperliche Gesundheit anzugreifen. Die Arbeitswissenschaftler nennen dies »interessierte Selbstgefährdung« [23]. Wir gehen aus Eigeninteresse über unsere Grenzen: Wir sind ständig erreichbar, arbeiten mehr als uns gut tut, machen wenig Pausen und nehmen immer mehr Projekte an. Weil wir es allen recht machen wollen, es perfekt machen wollen – weil wir meinen, dass die innere Peitsche nach vorne bringt.

‚Nach dem nächsten Projekt ändere ich was.' Wir verhalten uns bewusst gesundheitsschädigend, um beruflich erfolgreich zu sein. Dumm nur, dass wir damit einen Achsbruch unserer Kutsche riskieren und der berufliche Erfolg damit dahin ist – zumindest zeitweise.

Sicher, es gibt Peitschen von außen. Und ja, die Situation in den Unternehmen oder als Freiberufler erfordert einen hohen Einsatz. Doch wir haben die Zügel in der Hand und können uns dafür oder dagegen entscheiden bzw. wie weit wir mitgehen.

---

[23] Fehlzeitenreport 2012, S. 191ff.

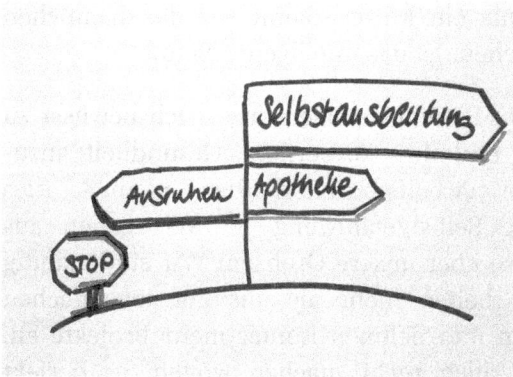

Kein Mensch hat etwas davon, wenn wir über unsere Grenzen gehen: Das Unternehmen schreit nicht »hurra«, wenn Sie krank sind. Ihr Partner und Ihre Familie ebenfalls nicht. Und Sie selbst möchten auch nicht ausfallen. Und schon gar nicht, wenn Sie (Einzel-) Unternehmer sind. Daher dürfen wir egoistisch sein. Nein - wir müssen sogar zuallererst an uns denken.

Eine Phase von Anstrengung und Überforderung ist okay und kann unsere Kutsche verkraften. Wenn danach eine Zeit der Regeneration erfolgt. In einer meiner Ausbildungen hat ein Dozent gemeint »Unser Körper ist sehr tolerant. 20 Jahre Schindluder kann er ausgleichen, dann ist aber Schluss mit lustig.«.

Ein Ansprechpartner sagte zu mir »Frau von Platen, ich bin jetzt 50 und meine Frau hat zu mir gemeint »meinst Du nicht, dass es Zeit ist, Deinem Körper jetzt einmal das zurück zu geben, was Du ihm jahrelang genommen hast?« Damit fang ich jetzt mal an.« Eine sehr gute Frage.

Das Dilemma: Unsere Pferde und unsere inneren Peitschen treiben uns im Alltag an. Sie möchten den Weg schnell gehen. Oder sie möchten einen Weg gehen, der gar nicht gut für uns ist, weil er zu steil für unser Kutschensystem ist.

Und doch gehen wir weiter. Gehen in die Apotheke und holen uns Schmiermittel, anstatt die Ursache zu reparieren. Und wundern uns, wenn unsere Kutsche irgendwann repariert werden muss.

Wir verlangen zu viel und geben zu wenig zurück. Wir vergessen viel zu oft im Alltag, dass unser Körper keine Maschine wie unser smartphone ist, was wir einfach an die Steckdose hängen können, wenn der Akku leer ist.

Was verlangen Sie Ihrem Körper ab?

Und was geben Sie ihm zurück?

Wir vergessen und ignorieren, dass unser Körper älter wird, dass sich unsere Kutsche abnutzt mit der Zeit alt und verletzlich wird und mit den jungen, neuen Kutschen nicht mithalten kann.

An dieser Stelle möchte ich nicht darstellen, was Sie alles für Ihre Kutsche tun können und mit dem erhobenen Zeigefinger auf Sport und Ernährung verweisen.

Sie selbst sind der beste Experte für Ihre Kutsche. »Eigentlich« wissen Sie, was für Sie gut ist. Das Buch versteht sich an dieser Stelle als Schrittmacher. Sie selbst wissen, was Ihr Körper am wichtigsten braucht.

Ist unsere Kutsche, ist unser Körper schwach und erschöpft, wirkt sich dies unmittelbar auf den Rest des Kutschensystems aus. Die Pferde gucken traurig nach unten, sehen keine Gänseblümchen mehr und sind leichter ablenkbar. Der Kutscher hat das Gefühl, die Kutsche ist über Nacht voll beladen worden und lässt sich schwerer lenken. Da er nicht genau weiß, was los ist, ist er beim Steuern der Kutsche unsicherer, hat die Zügel nicht so fest in der Hand.

Wenn unsere Kutsche gut in Schwung ist, hat es der Kutscher einfacher. Er kann spüren, dass die Hardware funktioniert, dass er den Weg gehen kann. Und die Pferde, unser psychisches System, werden die Kutsche leichter ziehen können, wenn diese rund läuft.

Wir merken: Alles beeinflusst sich gegenseitig. Wenn wir uns körperlich wohlfühlen, glauben wir eher an uns und gehen leichter unseren Weg zum Ziel, als wenn wir angegrippt sind oder uns nach einer Party schlapp fühlen.

Herr Meister nickt innerlich. Ja, wenn ich gut drauf bin, wenn ich Energie habe, dann bin ich viel klarer, kann mich besser abgrenzen. Doch wie kann ich im Alltag mehr Energie bekommen? Wie kann ich gut auftanken?

Na, ich muss am Wochenende auch mal raus und laufen gehen, ich brauche die Bewegung. Und ich brauche Kaffee und ich feiere gerne mit allem was dazu gehört – und das bekommt meiner Kutsche immer weniger... Meine Frau möchte am liebsten jeden Abend Gäste dahaben und nur das beste kochen, mir wird das dann zu viel. Ich brauche auch mal Ruhe. Ich glaube jeder ist da auch unterschiedlich, was ihm gut tut.

Kutschentypen: Von Diesel- bis Hybridantrieb

Nicht jeder hat die gleiche Karosserie und die gleichen Pferde als Gespann. Es gibt Menschen, die werden äußerst selten krank, haben eine dicke Haut und die Pferde sind waschechte Kaltblüter und nicht aufzuregen. Dann gibt es die Typen, die anfällig sind, einen kleinen Energiehaushalt haben und recht schnell krank werden. Wie kommt das?[24]

Wir sind unterschiedlich gebaut und doch bestehen wir aus den gleichen Grundzutaten. Es gibt unterschiedliche Kutschensysteme, die hier nur kurz skizziert werden. Diese Systeme geben Ihnen eine Orientierung, wie Sie gebaut sind. Und Sie erfahren, wie uns unser Kutschensystem zeigt, dass wir zu schnell oder zu weit abseits unseres geeigneten Weges fahren.

Die Grundzutaten für unsere Kutschensysteme sind

- Struktur und Stabilität – wir finden dies in unserem Körper, zum Beispiel in unseren Knochen als auch in unseren Pferden, zum Beispiel in unseren Emotionen und Verhalten sowie unseren Werten.
- Umsetzung und Leistung – körperlich ausgedrückt in unserem Stoffwechsel, wie zum Beispiel der Verdauung als auch mental und psychisch in einem hohen Leistungsanspruch.

---

[24] Die verschiedenen Kutschentypen orientieren sich an den Konstitutionstypen aus der ältesten Gesundheitsweisheit, dem Ayurveda. In diesem Buch finden Sie eine Anskizzierung. Eine ausführliche Darstellung der verschiedenen Typen finden Sie in meinem Buch »Strandkorb-Prinzip«.

- Bewegung und Abwechslung – körperlich repräsentiert durch unser Nervensystem wie auch mental in einer starken Motivation nach Abwechslung.

Und je nachdem in welchem Mischungsverhältnis unsere Kutsche gebaut ist, kommt unser Kutschensystem mit verschiedenen Verbrennungsmotoren heraus. Wie bei einem Cocktail.

Grundsätzlich können wir drei »Prototypen« erkennen. Verstehen Sie diese Prototypen als Vereinfachung und nicht als Schubladen. Hauptzweck der Darstellung ist, dass Sie Unterschiede erkennen und eine erste Orientierung bekommen. Natürlich gibt es Mischtypen, jeder Mensch hat alle drei Anteile in sich.

Kutschentyp Dieselmotor oder Kaltblüter

Der erste Kutschentyp ist stabil gebaut. Sowohl die Kutsche als auch die Pferde sind robust. Wir sehen das an einem stabilen Körperbau sowie an einer wahrlich dicken Haut. Eine gute Ausdauer zeichnet Menschen mit viel Stabilitätszutat aus. Sie sind für die heutige Zeit hervorragend gerüstet: volle Energiespeicher und bis sie in Stress geraten, muss schon Einiges passieren.

Ihre Zugpferde sind die Werte Ordnung und Genuss. Sie mögen es ordentlich (zu Hause, am Arbeitsplatz) als auch gemütlich und genussvoll in den eigenen vier Wänden. Sie suchen sich Wege, wo sie ihre Zugpferde ausspielen können und sie haben keinen Drang zur Bewegung. Wenn, dann machen sie es aus dem Verstand, damit sie nicht zunehmen und die Kutsche schwerer wird.

Wenn die Kutsche von dem geeigneten Weg zum Beispiel durch Hektik und Zeitdruck abkommt (das stört die Gründlichkeit und das Ordnungsliebende), merken sie das vor allen Dingen körperlich: Die Drehzahl der Kutsche, der Stoffwechsel, nimmt ab, das Gewicht steigt. Ebenfalls steigt das Gefühl der Trägheit und Schwere, der Schweinehund wird größer. Die Symptome der Kutsche bei Ungleichgewicht im Überblick:

- Erkältungen
- Laufnase
- Verstopfte Nebenhöhlen
- Häufige Müdigkeit, Schweregefühl, Antriebslosigkeit
- Aufgedunsenes Gefühl
- Gewichtszunahme

Was braucht dieses Kutschensystem? Die wichtigsten Empfehlungen sind:

- Bewegen Sie sich! – Aber denken Sie dabei nicht an Sport... das mag dieser Typus nämlich nicht. Eine stramme Runde um den Block reicht. Einmal ins Schwitzen kommen pro Tag ist optimal.
- Reduzieren Sie schwere Nahrung, also Fettiges, Käsiges und Mayonnaisiges. Menschen mit »Dieselmotoren« fahren gut mit Trennkost. Das macht es ihrem inneren Verbrennungsmotor leichter.
- Sie dürfen zügellos bei scharfen Sachen sein - also würzen Sie gerne mit Chili, Ingwer, Pfeffer, Curry nach...
- Setzen Sie sich Ziele und neue Herausforderungen und sorgen Sie für Abwechslung auf ihrem Weg.

Kutschentyp Porsche oder Turnierpferd

Den zweiten Prototypen können wir uns sportlich und leistungsorientiert vorstellen. Er nimmt auf der Straße nicht so viel Raum ein wie der Kaltblüter und tummelt sich auf Turnierplätzen.

Die Kutsche dieses Typus ist athletisch und sportlich gebaut. Und sehr typisch: Die Kutsche benötigt viel Brennstoff. Dieser Prototyp hat Hunger – auf das Leben, auf neue Herausforderungen und ab ca. 11:00 Uhr auf das Mittagessen.

Seine Kutsche wird gezogen von den Zugpferden Leistung und Wettbewerb. Ein Porsche geht nicht zum Genuss auf die Straße, sondern um als schnellster und bester ans Ziel zu kommen. Er möchte das Pferderennen gewinnen! Und wundert sich, dass andere eine schöne Reise haben möchten. Für sie ist der Grad der Zielerreichung wichtiger als die Art.

Porsche-Typen haben oftmals eine Peitsche »Perfektionismus« in der Hand und neigen dazu, sich zu verausgaben und dabei ihre Kutsche zu vergessen (die Art der Zielerreichung steht im Hintergrund).

Führungskräfte haben Anteile von »Turnierpferden«: Sie möchten etwas erreichen und müssen sich durchsetzen und führen können.

Der hohe Umsetzungsanteil macht sich gedanklich bemerkbar: ein klarer Verstand, klare Argumentations- und Ausdrucksweise sind Stärken. Zurückhaltung, Feingespür für andere Menschen und eine innere Gelassenheit sind die Herausforderungen.

Der Kutschentyp »Porsche« neigt zur hohen Drehzahl. Wenn er überdreht gibt es folgende typischen körperlichen Symptome:

- Bluthochdruck
- Sodbrennen
- Hautprobleme
- verstärkte Neigung zum Schwitzen und
- Neigung zu Entzündung
- Durchfälle

Mental und emotional wird das Turnierpferd bei hoher Drehzahl gereizt, bissig, zickig und ungeduldig – mit sich und mit anderen.

Was braucht ein Turnierpferd im Alltag? Wie sollte der Kutscher in so seinem System agieren:

- Machen Sie unbedingt eine Mittagspause und essen Sie – sonst überdrehen und übersäuern Sie.

- Essen Sie grundsätzlich mehr Grünes – Salate, grünes Gemüse – Grünes enthält viel Magnesium und ist gut für den Stressstoffwechsel.
- Reduzieren Sie Säure und Schärfe, zum Beispiel weniger Kaffee, weniger Kohlensäure, weniger Schärfe im Essen.
- Überprüfen Sie Ihre Ziele, ob diese realistisch sind und vor allen Dingen auf welche Art Sie Ihre Ziele erreichen möchten.
- Lassen Sie Ihre Peitschen einmal zu Hause, seien Sie weniger streng mit sich.
- Akzeptieren Sie, dass andere Menschen keine Turnierpferde sind.
- Achten Sie in Ihrer Kommunikation vor allen Dingen auf die Transparenz. Nehmen Sie andere in Ihre Gedanken und Entscheidungen mit.

Kutschentyp smart oder Rennpferd

Hat der Porsche noch eine gute Widerstandskraft und kann die Reserven gut auffüllen, ist der dritte Prototyp recht anfällig und muss am stärksten aufpassen, dass er auf dem Weg bleibt.

Er ist windanfällig. Wir können uns diesen Typus wie den Mercedes-Benz smart vorstellen: etwas schmächtig, dünnhäutig, kreativ und bei starkem Wind müssen wir das Steuer schon sehr gut in der Hand behalten. Das Feine macht sich ebenfalls bei den Pferden bemerkbar: Sie haben einen feinen Geist, sind sehr intuitiv, kreativ und auch kommunikativ bzw. gesellig.

Das Feine können wir auf die Kutsche übertragen: Die Karosserie ist schmal gebaut und die Zugpferde sind Abwechslung und Bewegung, daher ist die Kutsche insgesamt schwer auf der Straße zu halten. Denn es gibt ja so viel Neues auf dem Weg zu entdecken!

Bei zu viel Bewegung, Abwechslung und auch Trockenheit kommt das System ins Schleudern. Die Pferde, das emotional mentale System wechselt von seiner Stärke der Intuition und Kreativität in die Unsicherheit und Hektik. Die eigenen Ziele geraten aus dem Blickfeld und der Weg bzw. die nächsten Schritte werden vor lauter Unsicherheit und Selbstzweifel nicht angetreten. Der Kutscher wurde abgeworfen, das System dreht sich im Kreis.

Körperlich hat der smart am wenigsten Substanz und muss am stärksten von den drei Systemen auf eine Passung zwischen Ziel, Weg und den eigenen Pferdestärken schauen.

Die heutige Zeit ist geprägt von viel Bewegung und Abwechslung, so dass die meisten Menschen über eine der folgenden Unwuchten im System klagen:

- Schlafstörungen
- Ohrensausen
- Halsschmerzen
- Schwindel
- Verdauungsstörungen (Blähungen, Verstopfung)
- Rückenschmerzen bzw. Schmerzen / Verspannungen des Bewegungsapparates
- Energieschwankungen und vor allen Dingen abends das Gefühl »der Stecker ist raus«
- Verstärkte Neigung zu kalten Händen und Füßen

Die Pferde, das mental emotionale System, sind von den drei Prototypen am anfälligsten. Die Pferde werden

scheu und unruhig. Dies macht sich wie folgt bemerkbar:

- Grübeleien
- Innere Unsicherheit
- Ängstlich
- Innere Nervosität
- Selbstzweifel
- Sehr leicht ablenkbar
- Hektisch und zappelig

Insgesamt ist das Gefühl »durch den Wind« zu sein
oder dass die Bodenhaftung fehlt. Um die eigenen PS
wieder auf die Straße zu bekommen, achten Sie als
Kutscher auf folgende Empfehlungen für Ihr System:

- Schaffen Sie sich eine Struktur und einen Rhythmus im Tagesverlauf. Als erstes sollte hier ein
  Mahlzeitenrhythmus geschaffen werden: Nehmen
  Sie 3-5 Mahlzeiten ein, sie brauchen die Energie.
  Falls Sie Mahlzeiten ausfallen lassen, merken Sie
  erst sehr viel später, dass sie total erschöpft sind.
- Strukturieren Sie Ihren Tag nach Prioritäten und
  stimmen Sie diese mit ihrem Team oder Führungs-
  kraft ab.
- Sorgen Sie für Wärme – sowohl durch Kleidung als
  auch durch Essen. Probieren Sie abends eine
  warme Mahlzeit, zum Beispiel eine Suppe – das ist
  ideale Nervennahrung.
- Achten Sie auf Ihren Energiehaushalt, verausgaben
  Sie sich nicht beim Sport.
- Lassen Sie die Peitsche »Mach schnell« im Stall.

Kreuzungen: Rechts vor links

Bitte machen Sie sich keinen Stress, dass Sie direkt erkennen, welcher Typ Sie sind. Vor allen Dingen geht es um das Erkennen und Akzeptieren von Unterschieden. Wie fühlen Sie sich, wenn Sie von Ihrem Weg abkommen: »schwer«, »bissig/gereizt« oder »durch den Wind«? Nehmen Sie dieses Grundgefühl als Hinweis für Ihr Kutschensystem und steuern Sie mit den Empfehlungen dagegen.

Unser Kutschensystem kann sich je nach Alter, Umgebung und unserer Gewohnheiten ändern. Es gibt Mischtypen. Wie erwähnt, haben wir von allen drei Grundzutaten Bestandteile in uns. Zumeist sind ein oder zwei Anteile ausgeprägt. Viele Menschen finden sich beim Typus »smart« wieder und haben Aspekte des Porsches in sich. Dann kommt der smart immer von rechts und hat Vorfahrt. Sprich: Sie sollten zunächst mehr Stabilität und Struktur in Ihr Kutschensystem bringen und sich dann um den Ausgleich des bissigen Porsches kümmern.

Wir können uns dies wie einen Holzkohlegrill vorstellen: Der Porsche steht für die Kohle. Der smart steht für den Blasebalg, um das Feuer anzuheizen. Wenn wir zu viel Blasebalg haben, wird das Feuer zu stark entflammt bis es im schlimmsten Fall ausgeht. Linderung schafft die Reduktion des Blasebalgs.

Und ein kleiner erhobener Zeigefinger muss nun doch sein bzw. ein Zeichen der Warnung. Sollten Sie für sich erkennen »Mensch, ich bin eine Mischung aus Porsche und smart«, dann sind Sic sehr leistungsorientiert und sehr neugierig, möchten vieles anfangen. Dies ist die optimale Mischung für die Selbstverausgabung. Denn: Der smarte Typ möchte viele unterschiedliche Projekte machen, und der innere Porsche möchte diese vielen Dinge perfekt machen. Daher: Achten Sie auf Ihre Prioritäten, nehmen Sie die Zügel in die Hand, schaffen Sie sich Struktur und fragen Sie sich, was wirklich realistisch ist.

Faktor Haltung: Kutschertypen

»*Das mit den Kutschentypen finde ich gut, ich glaube ich bin eine Mischung aus Porsche und Kaltblüter.*

Jetzt weiß ich, wie ich im Alltag besser für mich sorgen kann und akzeptiere, dass mein Perfektionismus zu mir gehört und mein Umfeld nicht so sehr auf Leistung getrimmt ist wie ich. Interessant ist, dass ich den Leistungsanspruch nicht für meine Freizeit habe.

Doch wie kommt es, dass ich in manchen Situationen bzw. mit manchen Menschen ganz ruhig bleiben kann und in anderen Situationen drehen die Pferde dann komplett mit mir durch? Mit einem Kollegen zum Beispiel kann ich immer super konstruktiv sprechen und bei anderen fühle ich mich immer sofort angegriffen – wie kommt das?«

Herr Meister spricht einen wichtigen Punkt an. Wir sind nicht alleine mit unserem Kutschensystem unterwegs. Zumeist fahren andere Kutschen neben uns her und wir treten in Beziehung mit anderen Menschen. Das ist eine große Unterstützung und Bereicherung und manchmal ein großer Stressfaktor.

Selbst wenn wir alleine sind, führen wir mehr oder weniger offensichtlich innere Dialoge.

Die Dialoge und Beziehungen, die wir zu uns selbst und zu anderen eingehen, hat die bereits erwähnte Transaktionsanalyse unter die Lupe genommen. Aus ihr sind einfache Modelle entstanden, die uns das Leben leichter steuern lassen.

Eines der Grundlagenmodelle ist das »Modell der Ich-Zustände«. Ein Ich-Zustand ist ein Baustein unserer Persönlichkeit mit Gedanken, Emotionen und Handlungsmustern. Auf das Modell des Kutschensystems bezogen haben wir unterschiedliche Kutscher, je nachdem in welchem Ich-Zustand sich dieser befindet.

Wer bin ich jetzt?

Die Transaktionsanalyse beschreibt sechs Ich-Zustände und Haltungen, die wir aus drei unterschiedlichen Ebenen einnehmen können: kindhaft, erwachsen oder elterlich. Jeder Ich-Zustand hat positive und weniger positive Anteile. Im Alltag benötigen wir alle Ich-Zustände.

Stellen Sie sich die folgenden Ich-Zustände wie verschiedene Hüte oder Perücken vor, die Sie als Kutscher wechseln können (wenn es sein muss auch sekundenschnell):

1. Freies Kind:
   Wir sind spontan, neugierig, haben Zugang zu unseren Emotionen, haben viel Energie, sind kreativ und wollen Spaß. Der Ich-Zustand mit der größten Energie, unseren Träumen und Wünschen. Bringt uns ein Funkeln in die Augen.

   Beispiel: Wir sind alleine im Auto und singen unser Lieblingslied laut mit. Wir spüren eine unbändige Begeisterung für ein Thema.

2. Rebellisches Kind:
   Wir sind kämpferisch und rebellisch, trotzig und ggf. widersetzen wir uns den Regeln.

Beispiel: Wir kommen bewusst zu spät zu Meetings oder respektieren andere organisatorische Regeln nicht. Wir stehen in einem Kinofilm auf und gehen, weil er uns nicht gefällt (anstatt angepasst sitzen zu bleiben).

3. Angepasstes Kind:
Wir verhalten uns unauffällig, pflegeleicht, passen uns in Gesprächen und Diskussionen an, indem wir wenig sagen oder »ich weiß nicht, mir ist alles recht«

Beispiel: Wir passen uns mit unserem Outfit an die Organisation an (z.B. Anzug in Banken). Oder: In Meetings verhalten wir uns still und unauffällig und haben zu Entscheidungen keine Meinung (oder trauen sie uns nicht zu sagen).

4. Erwachsenen-Ich:

Wir verhalten uns ergebnis- und zielorientiert, strukturiert, sind achtsam und beobachtend, analysierend, beachten Fakten und Gefühle, eher sachlich, nur leichte Emotionen.

Beispiel: Bei Problemen nicht aufbrausend sondern sachlich und konstruktiv, wir gehen mit einem angenehmen inneren Abstand an die Dinge heran. Fragt »Ist das intelligent?«

5. Kritisches Eltern-Ich
   (auch kontrollierend genannt):

   Wir setzen Grenzen und geben Richtung vor, kritisieren und werten, demotivieren auch. Sieht bei starker Ausprägung eher das Negative und hat die Peitschen, die inneren Antreiber in der Hand.

   Beispiel: Wir kritisieren uns innerlich, dass wir das nicht besser geschafft haben oder wir kritisieren andere für ihr Verhalten. Oder positiv kontrollierend: Als Führungskraft äußern wir klar unsere Erwartungen und setzen Grenzen für das Verhalten im Team.

6. Fürsorgliches Eltern-Ich:
   Unser innerer Förderer, spricht Mut zu, kümmert sich um uns, möchte, dass es uns bzw. anderen gut geht, kann aber auch Abhängigkeiten fördern.

   Beispiel: Wir kümmern uns um unseren Partner wenn er krank ist; wir sagen einem Mitarbeiter, dass er nach Hause gehen soll, weil er krank ist oder auch: Wir delegieren nicht, weil wir denken, dass wir das unserem Team ja nicht zumuten können. Und gegenüber uns selbst: Wir kümmern uns um uns selbst, erlauben uns Entspannungsphasen.

Wir können die Ich-Zustände sehr gut als Beobachtungsmodell nehmen. Denn wir wechseln zwischen den Ich-Zuständen. In einem Gespräch sind wir erwachsen, im nächsten verhalten wir uns kritisch / kontrollierend oder angepasst. Jeder Ich-Zustand hat sowohl positive als auch negative Anteile und Auswirkungen, bis auf den Baustein »Erwachsenen-Ich«: dieser ist positiv neutral, also »immer gut«.

Die Stärkung des Erwachsenen-Ichs als bewusster Entscheider ist das Ziel der Transaktionsanalyse. Denn dadurch wird unsere Selbstbestimmung und Autonomie erhöht.

Ist der Kutscher im Erwachsenen-Ich, so hat er die Zügel im Griff, hat alles im Blick und hat Abstand zu sich selbst und dem Weg. Ein »erwachsener« Kutscher entscheidet bewusst, in welchen Ich-Zustand das Kutschensystem ist.

Das Modell der Ich-Zustände können wir im Umgang mit anderen anwenden, also direkt auf unser Verhalten umsetzen und analysieren:

Wie verhalte ich mich in Gesprächen mit unterschiedlichen Teilnehmern? Nehme ich eine Rolle der Fürsorglichkeit oder der Angepasstheit ein? Mit welchen Gesprächspartnern falle ich in ein angepasstes Muster? Mit welchen kann ich auf Augenhöhe sprechen?

Oder wir können unsere inneren Zustände auf Basis der Ich-Zustände analysieren:

Wann bin ich mir selbst gegenüber kritisch und kontrollierend? Wann verhalte ich mich mir selbst gegen-

über fürsorglich? Und wo habe ich rebellische Tendenzen? Wann lasse ich mein freies Kind tanzen?

Wie geht es Ihnen in der eigenen inneren Führung und
wie verhalten Sie sich gegenüber anderen? Sind Sie
anderen gegenüber fürsorglicher als sich selbst gegenüber?

Welchen Effekt motivierende, fürsorgliche Dialoge oder
kritische Dialoge haben, zeigt die »Bowling-Studie«[25].
Zwei Teams wurden gebildet. Das eine Team hatte
einen Mentor, der nach jedem Wurf fragte: »Und, was
lief bei diesem letzten Wurf nicht so gut?«. Der Mentor
des anderen Teams hingegen fragte »Was hast Du gut
gemacht bei Deinem letzten Wurf?«

Das Ergebnis: Die Gruppe mit dem zweiten Mentor hat
sich im Verlauf des Spiels gesteigert, hat gewonnen und
hatte deutlich bessere Laune. Wohingegen die Gruppe
mit dem kritischen Mentor schlechter wurde und am
Ende frustriert war.

Eric Berne, der Entwickler der Transaktionsanalyse,
beschrieb die Ich-Zustände als Energiezustände. Jeder
Ich-Zustand hat eine Form der Energie. Wir können
uns innerlich und im Verhalten mit anderen bewusst
steuern und entscheiden, welchen Ich-Zustand,
welchen Energiezustand, wir einnehmen möchten. Als
Kind haben wir mit Kreide Hüpfspiele auf die Straße

---

[25] Diese Studie habe ich im WDR in 2014 während einer Reportage über
Stressmanagement gesehen. Die tatsächliche Quelle ist mir trotz Recher-
chen leider noch unbekannt.

gemalt – so ähnlich können wir entscheiden, auf welches Feld wir hüpfen:

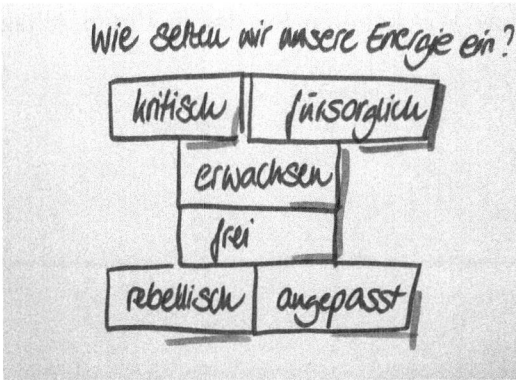

Wie setzen wir unsere Energie ein?
kritisch | fürsorglich
erwachsen
frei
rebellisch | angepasst

Matthias Burisch, ein Burnout-Experte, meint sogar[26]:

»Das Modell von den Ich-Zuständen hat zwei wichtige Vorteile: Es eröffnet Wege zu verschütteten Energiequellen, und es hilft bei der Entschärfung der inneren Konflikte. ... und taugt hervorragend zur Analyse intrapersonaler Kommunikation, des Umgangs mit sich selbst.«

---

[26] Burisch S. 260f.

Welchem Ich-Baustein möchten Sie mehr Aufmerksamkeit geben? Wie könnten Sie das in Ihrem Alltag machen?

Reise nach Jerusalem – nur anders

Die Ich-Zustände sind eine Möglichkeit mit der eigenen inneren Haltung und dem tatsächlichen Verhalten zu spielen. Wir können uns dies wie die Reise nach Jerusalem vorstellen. Wir haben sechs Stühle zur Auswahl, es wird keiner weggenommen. Wir können in jeder Situation alternativ handeln:

- Angepasst
- Rebellisch
- Frei und emotional
- Erwachsen, achtsam und mit Abstand
- Fürsorglich
- Kritisch, kontrollierend

Auf welchen Stuhl wir uns setzen, bleibt uns überlassen. Wir können uns bewusst entscheiden. Dies hilft gerade vor wichtigen Terminen.

Zwei Beispiele von unserem Herrn Meister:

»Aha! Das Modell macht mir einiges klar. Wenn ich zum Beispiel mit einem bestimmten Kollegen im Gespräch bin, werde ich schnell angepasst und ziehe mich zurück. Ich komme mir dann tatsächlich immer klein vor. Hier könnte ich das nächste Mal mich auf den »erwachsenen Stuhl« setzen und mich auch so fühlen.

Und im Privaten, meinen Kindern und meiner Frau gegenüber bin ich zum Teil viel zu kritisch und kontrollierend, lasse vermutlich zu sehr den »Chef« raus, anstatt als Vater auch mal fürsorglich zu sein oder

zusammen mit meinen Kindern einfach ebenfalls ein
Kind zu sein und im Garten rumzutollen.«

Strandkorb-Impuls

Beobachten Sie sich im Alltag in unterschiedlichsten
Situationen, auf welchem Stuhl Sie gerade sitzen und
auf welchem Sie sitzen möchten.

Analysieren Sie ein paar Situationen der letzten Tage
und reflektieren Sie, auf welchem Stuhl Sie gesessen
haben – und wie Sie sich gefühlt haben.

Energie steuern – den Kutscher stärken

Die verschiedenen Ich-Zustände können wir im Zusammenhang mit unserem Energieniveau sehen. Haben wir Energie, geht es unserer Kutsche gut, sind wir leichter im Erwachsenen-Ich und haben einen angenehmen Abstand zu den Dingen.

Grundsätzlich möchten wir mit voller Kraft voraus gehen, energiegeladen sein, tatkräftig unsere Aufgaben erledigen und abends mit einer wohligen Erschöpfung den Abend genießen.

Sind wir müde, und angespannt erschöpft, sehen wir die Welt um uns herum kritischer, sind mit anderen angespannter oder wir meinen, alle anderen sind klüger und besser. Oder wir verfallen in eine innere Anpassung, werden still, trauen uns weniger zu. Oder wir werden rebellisch und kontraproduktiv. Nach außen hin kann dies kritisch wirken. In diesem Zustand haben wir weniger Zugang zu unseren Pferdestärken, zu dem, was wir schon alles erreicht haben und dem, was wir gut können. Selbstzweifel und Unsicherheiten machen sich breit. Unser Kutscher sitzt schlapp auf dem Bock.

Hier hilft es, sich selbst aus dem Kutschbock zu heben, Abstand zu sich selbst zu bekommen. Abstand gewinnen und sich bewusst machen: Was ist da? Welchen Weg habe ich schon zurück gelegt? Was sind meine Stärken? Was kann ich besonders gut? Wir können uns selbst in unseren Erwachsenen-Baustein heben und unserer selbst bewusst werden.

Vielleicht entdecken wir, dass uns unser eigenes Kopfkino erschöpft ist und dass dieses Kopfkino wenig mit
der Realität zu tun hat.

Und, um unsere Energie zu steigern, dürfen wir wieder
Kind sein, spielen. Beobachten Sie einmal kleine
Kinder im Alter von 2-3 Jahren: Das sind Energiebün-
del, freuen sich über sich selbst, jede neue Entdeckung
und Wortfindung, experimentieren stundenlang mit
ihrem Spielzeug und lachen viel, toben, tanzen, singen,
spielen, fallen hin und stehen wieder auf.

Wir alle haben diesen Anteil in uns, nur meist sehr
verschüttet. Doch wir dürfen ihn leben und unser Herz
zum Hüpfen und unsere Augen zum Leuchten bringen.

Schauen Sie sich »erwachsen« an und schreiben Sie auf: Was habe ich schon erreicht? Welchen Weg habe ich zurück gelegt?

Welche Hindernisse habe ich schon übersprungen und gemeistert?

Was sind meine Stärken?

Aktivieren Sie (freie kindliche) Energie: Was macht mir richtig viel Spaß (im Job und außerhalb)? Und wie kann ich davon ein wenig mehr im Alltag machen?

Was sind meine Träume? Wie kann ich einen Teil davon realisieren (und wenn es erst einmal nur in der Vorstellung ist)?

Auf die eigene Haltung und Sichtweise achten

Zur Haltung des Kutschers gehört seine Sichtweise. Worauf konzentrieren wir uns, was nehmen wir eher wahr: Gefahren und Hindernisse oder Chancen und Potentiale? Mit welcher Brille gehen wir durch unser Leben? Gehen wir aufrecht durch unser Leben oder eher gebückt und scheu?

All dies hat Einfluss, wie wir unsere Zügel halten und unser Kutschensystem steuern. Hier kommt vieles aus dem Buch zusammen, dennoch erscheint es wichtig, diese innere Haltung des inneren Kutschers zu wiederholen und zu betonen.

Mit welcher Sichtweise und Haltung wir durch unser Leben gehen, hat enormen Einfluss auf unsere Bewertung der Ereignisse, die uns wiederfahren und auch die Chancen die wir sehen – oder auch nicht.

Wir haben alle unsere persönliche Sonnenbrille auf. Das ist unser Filter, durch den wir unsere Welt sehen. So sieht der eine am Wegesrand »Gänseblümchen«, in Form von Möglichkeiten und Chancen. Wohingegen jemand anders die Gänseblümchen als Unkraut bewertet und all das, was in den Weg kommt als persönlichen Angriff und Erschwernis.

Strandkorb-Impuls

Beobachten Sie sich im Tagesverlauf: Mit welcher inneren und körperlichen Haltung gehen Sie durch den Tag? Wie bewerten Sie Ihre Aktivitäten und das, was Ihnen passiert?

In Bewegung kommen – Ziele erreichen

Die Ich-Zustände benötigen wir ebenfalls zur Zielerreichung. Wir benötigen vor allen Dingen das freie Kind. Durch seinen Anteil gehen wir Veränderungen überhaupt erst an. Im freien Kind sitzen unsere Emotionen, unsere Neugier und Offenheit.

Das freie Kind ist nicht kopfgesteuert. Das freie Kind hat einen starken Willen und starke Emotionen. Die elterlichen Anteile sind kopf- und vernunftgetrieben, der erwachsene Anteil ist achtsam, vermittelnd, neutral.

Ein Coaching-Vorhaben welches mit der Ansage beginnt »Naja, ich müsste mal lernen abzuschalten und mich besser zu organisieren. Meine Frau und mein Chef meckern auch schon« hat eine andere Kraft als »Ich habe einfach keine Lust mehr auf diese Grübeleien am Abend und dieses Verzetteln und überhaupt, ich will mal wieder mein eigenes Leben leben, ich funktioniere nur noch!!!« Was meinen Sie, welcher Coaching-Kunde wird eher etwas ändern?

Für eine Veränderung brauchen wir Energie. Die Energie bekommen wir von unseren Emotionen, aus einem großen Anteil unseres freien Kindes heraus. Emotionen ziehen unsere Kutsche. Je stärker diese Kraft ist, umso besser.

Wir merken dies an einem inneren »Jawoll, das will ich wirklich erreichen! Da habe ich richtig Bock und Lust drauf!«.

Ausgebremst werden wir von inneren kritischen und kontrollierenden Stimmen, die aus den elterlichen Anteilen kommen, wie zum Beispiel »Meinst Du denn, Du darfst das überhaupt?« oder »Kannst Du das denn?« oder »Das ist doch eine viel zu große Veränderung...«. Diese kritischen Anteile gilt es bewusst wahrzunehmen. Und dann gilt es, den inneren Kutscher erwachsen urteilen und vermitteln zu lassen.

Um uns in Bewegung zu setzen, benötigen wir die Zustimmung von allen drei Anteilen: Den Willen aus dem kindlichen Anteilen, die Akzeptanz aus dem Elterlichen sowie die Zustimmung aus dem Erwachsenen-Anteil.

Alle drei Anteile müssen die Frage beantworten: Wozu möchten wir genau dieses Ziel erreichen?! Was ist das lohnenswerte daran? Woran merke ich, dass sich mein Engagement lohnt? Und wir können uns in diesem Zuge überlegen: Wie belohnen wir uns selbst bei Zielerreichung?

Nehmen wir das obige Beispiel. Hier ist bei der zweiten Aussage im Vergleich zur ersten viel mehr Kraft und Emotion dahinter - ein hoher Anteil an freiem Kind. Eine kritische Stimme könnte aus dem eigenen elterlichen Anteil auftauchen: »Was sagen wohl meine Kollegen, wenn ich mehr für mich mache und früher nach Hause gehe?« oder »Ich muss doch erst an meine Familie denken, ich darf doch gar nicht an mich denken, das ist doch egoistisch?!«. Lassen Sie solche Anteile zu. Und dann vermitteln Sie beide Stimmen und führen sie zusammen. Zum Beispiel in dem Sie sich sagen »Nur wenn ich mich gut fühle und auf mich achte, kann ich auch gut für meine Familie sorgen.« oder »Ich habe mich selbst die letzten Jahre vernachlässigt, jetzt bin ich mal dran.«.

Schauen Sie sich Ihre erste Zieldefinition von Seite 62 an. Aus welchem Anteil kommt dieses Ziel: Aus dem freien Kind, voller Emotionen? Aus dem elterlichen Anteil, vernünftig und eventuell auch nicht das eigene Ziel? Sondern »man sollte ja mal...«

Formulieren Sie Ihr Ziel ggf. um, so dass es emotional ist und auch von den elterlichen Stimmen akzeptiert wird.

»Na kein Wunder, dass ich meine Ziele nie erreicht habe. Die waren auch alle viel zu kopflastig, viel zu vernunftgesteuert und so richtig Emotionen steckten da auch nicht drin.... jetzt verstehe ich auch, warum der Schweinehund so oft gewonnen hat! Denn ICH wollte die Ziele ja gar nicht wirklich erreichen, sondern eher »die Gesellschaft« oder auch meine Frau... Und ich merke auch, dass ich diese starken emotionalen Wünsche gar nicht zugelassen habe und dadurch ein Ventil direkt zugedreht habe.

Und ich bin ganz groß darin, immer nur das zu sehen, was noch nicht da ist. Was ich noch nicht erreicht habe. Das, in Verbindung mit meinem ständigen Vergleichen mit Anderen, ist der Motivationskiller schlechthin.

Ich glaube, ich werde noch einmal nach Juist fahren in den Strandkorb und mir über MEINE Ziele und auch meine Stärken Gedanken machen. Ich möchte mich befreien von diesen ganzen Anpassungen und mich mehr auf MEINEN Weg machen.«

Abspann

Nachdem wir die eigenen Zügel nun mehr in der Hand haben, ist das letzte Kapitel mein persönlicher Aufruf. Es ist als Abschluss, jetzt wo wir uns schon ein wenig kennen gelernt haben, in der »Du-Ansprache« geschrieben. So ist es persönlicher und nachhaltiger.

Herr Meister bringt es mit seinem letzten Satz auf den Punkt. Es geht darum, dass wir wirklich unseren Weg gehen. Dass wir uns befreien von der Über- und Meta-Anpassung und vermeintlichen Vorstellungen, was wir zu tun und zu lassen haben.

Denn: Wir haben dieses eine Leben, welches mit einer Aufgabe verbunden ist: Lasst uns das Leben als Geschenk wahrnehmen und uns unser Leben leben, unseren Weg gehen, mit Verantwortung für unser Kutschensystem.

Lasst uns möglichst viele Momente bewusst wahrnehmen und genießen, lasst uns erwachsen werden – und auch mal Kind sein.

Werdet erwachsen!

Der Baustein »Angepasst sein« aus dem vorherigen Kapitel klingt erst einmal nicht spannend. Doch Anpassung ist notwendig: Im Alltag passen wir uns an Regeln an (z.B. im Straßenverkehr oder in der Warteschlange). In unseren Jobs passen wir uns an, mit Kleiderordnung, Arbeitszeiten, Umgangsformen. Ein gewisser Grad an Anpassung ist notwendig.

Die Dosis macht das Gift – auch bei der Anpassung. Wenn wir uns zu sehr anpassen, landen wir schnell im eingangs skizzierten Opfer- und Jammertal und geben die Verantwortung für unser Kutschensystem ab. Wir lassen uns steuern von Menschen mit stark elterlichen Anteilen, sei es kontrollierend oder fürsorglich.

Seit ich das Modell der Ich-Zustände kennen gelernt habe, stelle ich mir zum Beispiel folgende Fragen in Bezug zum Trend des Gesundheitsmanagements in Organisationen:

Verstärken einige Maßnahmen ein Konsumdenken der Belegschaft und was macht dies mit der Beziehung »Führungskräfte – Mitarbeiter«? Wie fürsorglich sollte eine Organisation, sollten die Führungskräfte mit ihren Mitarbeitern sein? Wird bei zu viel Fürsorge nicht die Anpassung der Mitarbeiter unterstützt?

Ist ein Unternehmen wirklich für die Kutsche, die Hardware von Mitarbeitern, verantwortlich? Kann das nicht von jedem Einzelnen selbst verantwortet werden? Ist es zu viel verlangt, dass sich erwachsene Menschen selbst zu einer Rückenschule anmelden?

Wird im Unternehmen wirklich erwachsen, von Mensch zu Mensch, geredet? Oder sind nicht viel zu viele im angepassten Zustand, sagen gar nichts, sind nicht (mehr) mutig und machen das, was von oben aus den elterlichen Anteilen der Organisation gesagt wird?

Werden Prozesse und Projekte abgearbeitet, obwohl sie nicht sinnvoll erscheinen? Wird immer so weiter gemacht, Überstunden geschoben, weil »sonst passiert ja was«? Und dann wundern sich viele, dass »sich ja eh nichts ändert?«

Warum haben nur wenige den Mut, Nein zu sagen, Grenzen zu setzen – ganz erwachsen oder auch mit einer Spur von Rebellion?

Wie sähe es aus, wenn wir in Organisationen »erwachsen« miteinander reden, wenn mehr Menschen den Mut haben, schlechte Prozesse anzusprechen und ganz erwachsen auch Verbesserungsvorschläge machen? Klar, das passiert schon. Aber doch viel zu wenig! Zum Beispiel aus Angst vor schlechten Bewertungen.

Wie wäre es, wenn wir in Freundschaften und unseren Beziehungen zu unseren Liebsten, offener und erwachsener miteinander umgehen anstatt den Konflikt zu scheuen? Wenn wir offen über unsere Wünsche und Ängste sprechen würden und über das, was wir benötigen? Wie wäre es, wenn unsere Gesprächspartner erwachsen zuhören, anstatt aus dem kritischen und kontrollierenden Anteil etwas dagegen zu setzen?

Sicherlich, ich höre es schon fast, das »ja, aber das geht ja nicht so leicht, denn...« Richtig, wir können einen anderen Menschen nicht ändern. Wir können nur uns selbst ändern. Die Änderung der inneren Haltung zu uns selbst, dass wir uns ernst nehmen, uns selbst erwachsen behandeln, das können wir ganz alleine für uns umsetzen. Probieren wir es aus. Wir sind alle erwachsen.

Strandkorb-Impulse

Wie alt bist Du? Sage Dir: Ich bin ___ Jahre alt und erwachsen.

Gehe mit dieser Haltung in ein nächstes Gespräch und schildere Deine Lage, Deine Vorstellungen und Verbesserungsideen. Ganz erwachsen. Kein implizites und angepasstes Herum-Eiern.

Spreche die Dinge an, die Dich stören. Du bist auch Teil des Systems (Partnerschaft, Ehe, Team, Unternehmen). Sei mutig. Engagier Dich. Wenn Du Dich änderst, ändert sich das System.

Lebe Dein Leben – anstatt einen Fake zu leben!
Frage Dich immer wieder: Lebe ich gerade, habe ich die Zügel in der Hand? Oder werde ich gelebt? Wer hat gerade bei mir die Zügel in der Hand?

Es ist Dein Leben. Du hast die Verantwortung dafür, das Beste daraus für Dich zu machen. Es ist Dein Geschenk! Oftmals werden wir uns dessen erst bewusst, wenn es uns nicht gut geht. Nutze jeden Tag als kostbares Geschenk!

Du kannst Dich selbst ernst nehmen. Zu Dir stehen, zu Deinem Kutschensystem: Zu Deinem Körper, zu Deinen Pferden und Zugpferden, zu Deinen Zielen und zu Deinem Weg.

Akzeptiere Deine Macken, steh zu ihnen anstatt sie weg zu optimieren. Lerne Dich selbst besser kennen, und renne keinem Ideal hinterher. Sei authentisch. Sei Du selbst, anstatt Energie in den Fake, die Imitation zu setzen.

Sei die beste Version Deiner Selbst. Erlaube es Dir.

Erlaube Dir Deinen Weg und auf Deinem Weg Gas zu geben. Lass Dich nicht von den Sorgen anderer ausbremsen.

Lass die Zweifel los!

… und all das, womit Du Dein Leben schwer machst. Lass die Zügel der Sorgen und Zweifel los, mit denen Du das Gefühl hast, mit angezogener Handbremse durch den Tag zu gehen. Die meisten Sorgen sind Zukunfts-Kopfkino und bremsen Dich! Die meisten Zweifel sind unbegründet. Oder weißt Du heute noch, über was Du Dir vor 6 Monaten Gedanken oder Sorgen gemacht hast?

Wirf den Ballast ab von Deinem Kutschensystem, nutze den Schwung und die Energie für Dich für Deinen Weg, für Deinen Erfolg. So wie Du ihn für Dich definierst.

Herr Meister sitzt wieder im Strandkorb auf Juist. Als er in der Kutsche zum Hotel saß, fühlte er sich zu Hause. Die Kutsche – so ein schönes Bild. Gleich nach seinem Check-In geht er mit seinem Notizheft an den Strand, setzt sich in den Strandkorb und ist erst einmal nur da, schaut dem lieben Gott ins Fenster.

Auf einmal merkt er, wie er einen Kloß im Hals bekommt. Vor Dankbarkeit und auch Achtsamkeit – er

kann das Leben einfach mal wahrnehmen und genie-
ßen. Er ist wieder mehr bei sich selbst angekommen.

Es ist so viel passiert! Er versteht sich nun selbst viel
besser, und kann sich selbst besser durch seinen Tag
und sein Leben führen. Für ihn war das Highlight die
Kutscherhaltung, er geht nun ganz anders in die ver-
schiedensten Gespräche – auch in die eigenen Gesprä-
che.

Er hat das Gefühl, die Zügel mehr und mehr in der
Hand zu haben. Er entscheidet sich bewusst für etwas
oder gegen etwas –und die Frage »Was ist Jetzt?«
hilft ihm ungemein, im Alltag gelassener und konzen-
trierter zu sein. Seine Frau sagt auch schon, dass er
ausgeglichener wirkt und vom Chef hat er ebenfalls
eine positive Rückmeldung bekommen.

Jetzt geht es für ihn um seine Ziele – wo will er eigent-
lich hin? Was schlummern noch für Träume in ihm?
Mal schauen, was passiert. Aber eines ist ihm klar: Er
ist erst einmal nur für sich selbst verantwortlich und
dann für seine Familie und dann für den Job. Und er
weiß, es ist Zeit erwachsen zu werden und das eigene
Leben zu leben – denn Plagiate gibt es schon genug.

Und jetzt?

Jetzt ist unsere gemeinsame Reise und die mit Herrn Meister am Ende. Herr Meister ist mehr Meister seines Lebens geworden, und nicht nur Meister der Projekte.

Jetzt bist Du dran. Wie geht es für Dich weiter?

Abschließend gibt es die letzten Strandkorb-Impulse.

Ich wünsche Dir eine schöne Kutschfahrt auf Deinem Weg. Lass es Dir gut gehen! Und wenn es mal nicht gerade aus läuft oder Du die Zügel aus der Hand gibst – Du hast jeden Moment die Möglichkeit wieder neu anzufangen und die Zügel Deines Lebens wieder in die Hand zu nehmen.

Ich freue mich über jede Art von Feedback zum Buch: Ideen, Anregungen, Erfahrungen, ... schreib mir einfach eine E-Mail (kontakt@ankevonplaten.de). Herzlichen Dank und

Alles alles Gute!

Wenn Du jetzt Dein Kutschensystem betrachtest, was denkst Du über Deine Pferde, Deinen Körper, Deinen inneren Kutscher, Deinen Fokus, Deine Ziele?

Dieses Bild findest Du auch im Downloadbereich (Arbeitsblatt 05), so dass es Dir auf DIN A4 ausdrucken kannst.

Welche Impulse nimmst Du aus dem Buch mit, was ist für Dich wichtig? Wenn es mehr als drei sind, kennzeichne deine Top-3:

Wie möchtest Du diese drei Impulse in Deinem Alltag umsetzen? Fange damit innerhalb der nächsten 72 Stunden an (denn ansonsten bleibt es liegen). Was oder wen brauchst Du zur Umsetzung?

Auslaufen

Danke sehr

Ein Buchprojekt entsteht nicht nur im stillen Kämmerlein. Dieses Buch ist ein Ergebnis meiner Reise der letzten Monate und Jahre – seit dem letzten Buch 2010. Auf dem Reiseweg durfte ich viele Menschen kennen lernen, Neues hinzulernen und in Gesprächen Resonanz, Offenheit und kritischen Austausch erfahren. Besonders bedanken möchte ich mich bei:

Allen meinen Kunden und Teilnehmern in den unterschiedlichsten Workshops, Seminaren, Coachings und Vorträgen für Ihre und Eure Diskussionen, Feedbacks und den unglaublich wertvollen Resonanzboden.

Meinen Wegbegleitern in Form von Mentoren, Coaches und Netzwerkpartnern für das Zuhören und Zusprechen, was auch immer gerade dran war. Meinen Mitreisenden und dem Reiseleiter in der Weiterbildung »Transaktionsanalyse« 2014/2015. Mit Euch ist mein Kutschensystem in vielerlei Hinsicht aus der Schublade hinaus auf die Straße gekommen.

Und letztlich danke an Dich, lieber Leser, für Dein Interesse an diesem Buch!

Quellen

Aaron Antonovsky (1997): Salutogenese – Zur Entmystifizierung der Gesundheit. dgvt Verlag. Tübingen.

Berhard Badura, Antje Ducki, Helmut Schröder, Joachim Klose, Markus Meyer (2012): Fehlzeitenreport 2012. Springer. Berlin Heidelberg.

Jorge Bucay (2013): Drei Fragen: Wer bin ich? Wo gehe ich hin? Und mit wem? Fischer.

Matthias Burisch (2010): Das Burnout-Syndrom – Theorie der inneren Erschöpfung. Springer. Heidelberg.

Elizabeth Gilbert (2013): Eat. Pray. Love. Berlin Verlag

Ute & Heinrich Hagehülsmann (2007): Der Mensch im Spannungsfeld seiner Organisation. Junfermann. Paderborn

Pia Grisslich, Antje Proske, Hermann Körndle (2012): »Beyond Work and Life – What Role does Time for Oneself Play in Work-Life-Balance?« in Zeitschrift für Gesundheitspsychologie, 20. Jahrgang, Heft 4, 2012

Jon Kabat-Zinn (2007): Im Alltag Ruhe finden. Fischer.Frankfurt am Main.

Dr. Michael Korpiun, In Stability GmbH & Co. KG (2014): Grundlagenwissen Transaktionsanalyse TA 101 Handout

Anke von Platen (2010): Strandkorb-Prinzip – Einfach. Erfolgreich. Leben. Books on Demand. Norderstedt.

Chade-Meng Tan (2012): Search Inside Yourself. Arkana. München.

Thich Nhat Than (1995): Lächle deinem eigenen Herzen zu – Wege zu einem achtsamen Leben, Herder Freiburg.

Lothar J. Seiwert, Brian Tracey (2007): Life-Leadership – So bekommen Sie Ihr Leben in Balance. Gabal. Offenbach.

Literatur- und DVD-Empfehlungen
Norman Bücher (2014): Abenteuer Motivation. Goldegg. Berlin.

Anja Förster / Peter Kreuz (2015): Macht was Ihr liebt! – 66 ½ Anstiftungen das zu tun, was im Leben wirklich zählt. Pantheon. München

Stephen R. Covey (2008): Die 7 Wege zur Effektivität – Prinzipien für persönlichen und beruflichen Erfolg. Gabal management. Offenbach.

Boris Grundl (2010): Steh auf! Bekenntnisse eines Optimisten. Econ. Berlin.

Florian Opitz (2012): Speed – Auf der Suche nach der verlorenen Zeit. Goldmann. München. (auch als DVD)

Ulrich Schnabel (2010): Muße – Vom Glück des Nichtstuns. Blessing. München.

Reinhard K. Sprenger (1997): Die Entscheidung liegt bei Dir – Wege aus der alltäglichen Unzufriedenheit. Campus Frankfurt am Main.

DVD / Film »Heute bin ich blond: Das Mädchen mit den neun Perücken« - ein wunderbar lebensbejahender Film.

Arbeitsblätter und Zugangsdaten

Für Ihren exklusiven Zugang zu den ergänzenden Arbeitsblättern gehen Sie auf die Website

www.ankevonplaten.de/downloads

Zugangscode: kutsche2015

Folgende Arbeitsblätter sind eingestellt:

01 Wetter- und Wegeslage

02 Ziele

03 Tagesprotokoll

04 Werte

05 Kutschenmodell (blanko)

Über die Autorin

Anke von Platen, Expertin für Selbstführung, Jahrgang 1972, hat 10 Jahre Marketing- und Managementerfahrung und weiß, dass es nicht immer geradeaus geht.

2004, den Erfolg und hohe Ziele fest im Blick, hatte ihre Kutsche einen Achsbruch. Sie hatte gerade Karriere als Marketing-Expertin und Projektleiterin für Unternehmen wie HiPP und DaimlerChrysler UK (Aufbau der Marke smart in England) gemacht. »Damals habe ich viele klassische Fehler gemacht.« Seit 2008 unterstützt sie abseits von klassischen Erfolgs- und Motivationsthemen Fach- und Führungskräfte sich selbst und andere besser zu führen.

Ihre Philosophie: Nimm die Zügel Deines Lebens selbst in die Hand! Jeder selbst ist für sich verantwortlich und sein eigener Experte für seinen persönlichen Erfolg und seine Zufriedenheit. Sie versteht sich als Schrittmacherin, als Anstupserin durch Impulse, Fragen, Provokationen. Und sie versteht sich als Scheibenwischerin: durch verschiedenste theoretische Erklärungsmodelle schafft sie Klarheit und Orientierung. All dies macht sie wirklich mit Herz, Verstand und Frische.

Mehr Informationen: www.ankevonplaten.de